手繰り怪談
零レ糸

緒方あきら

竹書房
怪談
文庫

目次

※本書に登場する人物名は、様々な事情を考慮してすべて仮名にしてあります。また、作中に登場する体験者の記憶と体験当時の世相を鑑み、極力当時の様相を再現するよう心がけています。現代においては若干耳慣れない言葉・表記が登場する場合がありますが、これらは差別・侮蔑を意図する考えに基づくものではありません。

怨霊

井上さんが小学生のころに体験した話である。

当時、祖父の友人で増宮さんという方がよく祖父を訪ねて家に来ていた。

その日も増宮さんは井上さんの祖父と雑談をしに来ていたが、井上さんの祖父が留守だと知ると、まだ幼かった井上さんを捕まえて言った。

「猿の脳味噌はうまいぞぉ！」

増宮さんは建築会社の社長をしている。

ある時、社員旅行で訪れた国の、都市部から離れた小さな町で猿の脳味噌を食したのだそうだ。

それは観光客向けの悪趣味なイベントで、まず猿を捕まえて拘束する。

そして生きたまま頭部を切り開き、頭蓋骨を割って中の脳味噌を観光客たちに振る舞うというものであった。

　拘束された猿はこれから自分がどうなるのか知ってか知らずか、必死にキー、キーと大きな悲鳴を上げ、涙まで流す。

　頭蓋骨を開かれるとグッタリとしたが、そこにスプーンを差し込まれるとビクッと身体を跳ね上がらせたり小便を漏らしたりした。現地の人や観光客がさらに脳をほじっていくと次第に小さな声でしか鳴かなくなり、やがてピクリとも動かなくなる。

　とても恐ろしい話であるが、増宮さんはその体験談を嬉々として語った。井上さんはその時の増宮さんの顔と様子が忘れられないという。

　増宮さんは目を見開き、終始興奮気味に猿の無残な死と脳味噌の味について語った。

　井上さんは怖くなって祖母の部屋に逃げ込んだ。

　半泣きの井上さんを見た祖母は、彼を連れて居間へ向かった。

　すると、増宮さんがまた興奮しながら猿の脳味噌の話を始めたのである。

　話を聞いた井上さんの祖母は激怒して言った。

「帰れ、この罰当たりめ！　ロクな死に方しねえぞ！」

　増宮さんはヘラヘラした態度で言われるままに帰宅していった。

後日、話を聞いた祖父も怒り心頭で、増宮さんに注意をするために彼の元を訪れたが、家に帰ってきた後、井上さんを呼び出して言った。

「もうあの一家とは関わるな。あれはもうダメだ」

祖父にそう伝えられてからしばらくして、異変が起きた。


それまで順調だった増宮さんの会社の経営が、突如傾きだしたのだ。

原因は、度重なる事故。

同じ物件で社員が何度もケガをして、さらに施工ミスによる納期の遅延が頻発。

工事は一向に進まず、最後には契約の違約金問題にまで発展してしまった。

その後も仕事を受注するたびに事故とミスを繰り返し、投資した事業も全て失敗。

増宮さん一家はどん底まで落ちていった。

そんな中、周囲にある噂が流れた。

事の次第を聞きに行った不動産会社の人間がやってきたとき、社長である増宮さんは経営の問題には一切触れず『猿の脳味噌』の話だけを延々と繰り返していた、というものだ。

終いには増宮さんの会社は倒産。

堅気ではない所から融資を受けていたらしく、返済もままならない一家は夜逃げしてしまった。

井上さんは、増宮さんたちが地元を去ってから悪夢を見るようになる。

恐ろしい顔で、歯をむき出しにしてジリジリと迫ってくる猿。やがてその頭の皮は無残に剥がされ、頭蓋骨は砕かれ、脳味噌を晒した姿で井上さんの目の前までやってくる……。

そんな夢を何度も繰り返し見たのだという。

井上さんはしばらくしてから、近所のお坊さんに相談し、お祓いをしてもらった。

彼は今でもテレビで猿を見ると、あの悪夢と増宮さんの顔を思い出すという。

ユータのことは気にするな

「ホストクラブにはトイレが二か所あるんだ」

そう話してくれたのは、かつてホストクラブに勤務していた田辺さんである。

田辺さんのお店は川崎の、彼いわく『場末のホスクラ』であったのだが、それでもお客様に対するトイレの気遣いは行き届いていた。

「ものすごくピカピカで広くって、まるでどっかの高級ホテルのトイレかって感じ。箱もたいしたことない店なのにね。で、もう一個がスタッフが使うトイレなんだけど」

顔をしかめて、田辺さんが言った。

「こっちがひどかった」

スタッフ用のトイレは物置部屋にもなっていて、周囲にさまざまな備品が積み上げられている。上にはハンガーをかけるための鉄パイプが無理やり横に渡されていた。そこにスタッフたちのスーツをかけるのだ。

環境面においても衛生面においても最悪である。

そのうえ古臭い和式で、極めつけに電気もつかなかったそうだ。

「電球を差す穴みたいなのはあるんだけどさ、だれも取っかえないの。真っ暗な中で隣の店のネオンの明かりを頼りに用を足したり吐いたりするわけ。信じられないよアレは」

田辺さんがこのホストクラブに勤め始めて仕事のノウハウとともに教わったことが『ユータのことは気にするな』という言葉だった。

「そもそもスタッフにユータなんて奴はいないんだよ、わけわかんないよね」

ある晩、初めて個人で指名の入った田辺さんは担当したお客様にしこたま飲まされた。ガンガン一気飲みを強要され、グラスをカラにすると客は嬉しそうにケタケタと笑いだす。

「ありゃ一種の病気だね、そうじゃなきゃ真性のサディスト。とにかく頭のネジが何本か抜けてんの。まあ、うちみたいなとこに来る連中は皆どっかおかしかったけどさ」

担当したお客様が帰ったあと、田辺さんは慌ててスタッフ用のトイレに駆け込み思い切り吐いた。何度もえずき、胃液とともにあふれ出た鼻水と涙を流しながら顔をあげると、目の前に足が揺れていた。

——なんだ？

ゆらりと揺れる、トイレの闇に溶け込んでしまいそうな黒いスーツの足。

足から上にたどっていくと、ひとりのホストがハンガーをひっかける棒で首を吊っていった。

ユラユラと揺れる身体が、よその店のネオンで好き勝手に照らされて不気味に輝いている。真っ白な顔から飛び出しかけた男の目と、それを見上げる田辺さんの目が合った。

田辺さんは大慌てでマネージャーを裏の厨房に呼び出し、今見たことを伝えた。すると、マネージャーは面倒くさそうにため息をついて「またか」と呟いた。そして田辺さんの肩を数度叩いて言った。

「最初に言っただろ、ユータのことは気にするなって」

「なんですかユータって！　今トイレで首を吊っているヤツがいるんですよ⁉」

「ユータはユータだよ、今お前が見てきた首吊り野郎。あれがユータ」

舌打ちをして一度店の中を見回したマネージャーが、田辺さんをさらに厨房の奥へと引っ張りこんだ。

「いいか、お前が今見たのはいわゆるユーレイってやつだ」

「はぁ？　何言ってるんですかマネージャー。首吊りですよ、今すぐ助けないと」

「じゃあお前、もう一回便所見てこい。首吊ってるやつがいたら、そいつを助けて俺んとこ戻ってこい」

背中をぐいと押されて、田辺さんは恐る恐るスタッフ用のトイレに戻った。

しかし、さっきは確かにいたはずの首吊り男の姿がどこにもない。

狭いトイレである。どこにも隠れられる場所などない。

——店に戻ったのか？

そう考えたが、さきほど見た男は明らかにヤバイ状態であった。よだれがたれていたと思うし、スーツの股ぐらも汚れていた。舌だってあり得ないほど伸びていたし、あの目玉だって——。

混乱した頭のまま厨房に戻ると、マネージャーは短く「いなかっただろ？」と言った。

ちょうど店が暇をしていたこともあり、マネージャーは事の次第を田辺さんに話してくれた。

ユータというのは、かつてこの店にいたホストである。

人気は出ず、とにかくほかのホストに笑いのネタにされる、いじられキャラであったという。きつい仕事や汚れ仕事ばかりやらされ、お客様には蹴られて罵倒されつくして、とにかくひどい扱いだったらしい。

そのユータがある日、店の営業中にスタッフ用のトイレで首を吊った。

田辺さんが目にしたのと同じく、ハンガーをかけるつっかえ棒にネクタイを通して首に括り付けてぶら下がったのだ。

「そんな時に限って、うちには一番の上客が友達連中引き連れて豪遊しに来ていたんだ」

その客と連れだけで、その日の店の売り上げが数百万円は変わる。小さなホストクラブには滅多にないチャンスを潰すわけにはいかなかった。

ユータの首吊りを知ったオーナーは悩んだ末、当時のスタッフたちにユータの首吊りは店が閉まるまで気付かなかったことにしろと命令した。

ユータは数時間、スタッフのトイレで首を吊ったまま放置されたのだ。

そして夜が明けてお客さんが帰っていったあと、ようやく救急車が呼ばれたらしい。

スタッフは全員で口裏を合わせ、警察や救急隊員には誰もトイレでユータが首を吊っていることに気付かなかったと言った。

それから一週間が過ぎたころから、スタッフ用のトイレにユータの霊が出るようになった。ユータは何をするでもなく、ただそこで首を吊り続けていた。

それから、店では『ユータのことは気にするな』が合言葉になったのだという。

「気味も悪いし、ホストクラブはあそこだけじゃないから、あんないわくつきの店は早々に辞めちゃったけどさ。ユータは今もあそこで首を吊ってるんじゃないかな」

タバコの煙を吐き出しながら、田辺さんは首をさすってそう言った。

出張ホストの夜

こちらもかつてホストであった田辺さんが語ってくれた話である。

店舗型のホストに疲れを感じた田辺さんは一時、出張ホストに登録していた。

「指名されてデートしたりそれ以上のことをしたりって感じで、ホストより自由度は高かったね。なにより箱……ああ、お店に持っていかれるお金もないわけだし」

と言っても、あのころの出張ホストはただ指名されて女の子とイチャイチャしていれば良い仕事ではなかったという。

当時はレンタルおじさんといった類の『ネットで人、特に男性を時間制でレンタルできるサービス』がせいぜい出張ホストくらいしかなかったので、ホストとして以外のニーズも多くあった。

田辺さんが経験しただけでも仕事内容はかなり多彩で、買い物の荷物持ちや上京してくる女性の東京観光案内、趣味のカレー屋巡りのお供に、子育てノイローゼに陥った女性のお悩み相談なども請け負っていた。

「でもなんかそういうのも、人間味があって新鮮だったよ。観光案内を頑張ったらチップをつけてくれたりさ。箱の競争で心が荒んでたから、癒されたなぁ」

出張ホストも悪くない。もっと色々やってみよう。

そう思って田辺さんが自分のレンタル料金を割引きしたころ、その依頼はやってきた。

「丸一日の貸し切り予約で、ここに来てくれってアパートを指定されてさ。最初は普通に自宅に呼び出されたんだと思ったんだ。ホストらしいお仕事が来たのかなって」

だが、電車を乗り継いで到着したアパートには誰もいなかった。相手の電話番号に連絡を入れると『後から行くので先に入って待っていて』と若い女性の声で言われた。

合い鍵の隠し場所を聞き、鍵を使ってアパートの一室に入る。

部屋の中は若い女性の一人暮らしにしてはシンプルな、家具の少ない部屋であった。

なぜかリビングに敷かれたままになっている布団の枕元には、ご丁寧にティッシュ箱とコンドームを入れたケースがあった。

「やる気満々だなって苦笑したんだけどさ、様子がおかしいんだ」

田辺さんが待てど暮らせど、女性はいつまで経ってもやってこない。

日が傾き始めたころ、田辺さんは再度女性に連絡を入れた。すると女性は仕事で帰りが遅くなってしまいそうだから、家の中で自由に過ごしていて良いと言った。

「何時に帰れるかわからないから、寝るなら寝てても良いって言うんだ」

冷やかしかなぁ、とも考えたが、冷やかしならばわざわざ合い鍵まで使わせて部屋に入れたりはしないか、と思い直した田辺さんは持久戦の準備にかかった。

アパートに来るときに見かけたコンビニへ向かい、食べ物と飲み物を買い溜めたのだ。

何せ、待つ相手は寝るなら寝てて良いなどと言うほどなのだ。帰れる目途すら立っていないのかも知れない。

暇つぶしに部屋の中を見てみるが、簡素な部屋は取り立てて面白いものはなかった。空いたスペースを適当に埋めるように花も挿されていない花瓶や、景色の写真が入れられた写真立てがあるくらいだ。

綺麗に片付けられているせいか、どうにも生活感がない。

見るものも特にないな、と思った田辺さんは布団にごろんと横になった。

暇を持て余した田辺さんは携帯電話をいじりながら時間を潰していた。

そのうち、ふと妙なことに気がついた。

「もうすっかり陽が沈んでいたんだけどさ、アパートが変なんだ。だって、いつまで経っても物音一つしないいんだから。普通なら仕事帰りの人が廊下を歩く音とか、隣の部屋が立てる生活音とか聞こえてくるもんでしょ」

しかし、アパートは奇妙な静寂に包まれている。

昼間アパートの外観を見たときのイメージでは小綺麗な雰囲気で、若い女性が好みそうな洒落た見た目であった。駅からもそう遠くないし、大通りから一本道が外れているので、静かだし立地条件も悪くない。

それなのに、アパートに人が住んでいる気配が全然ないのである。


悩んでみたところで、時間だけが過ぎていく。

遠くのほうでトラックが走る音を聞いていると、田辺さんはやがて気だるい睡魔に襲われた。やることがないという暇さが、余計に眠気を誘う。

「一応、服装にも気を配ってきたんだけどさ。客が帰ってこないんじゃしょうがないから、楽な格好して寝て待とうかなと思って」

田辺さんは一張羅を脱ぐと、下着姿になって布団にもぐりこんだ。

ふんわりとクッションのきいた布団は寝心地がよく、すぐに眠りに落ちていく。

どれほど時間が過ぎたであろうか。物音がして、田辺さんは夜中に目を覚ました。

「客がようやく帰ってきたのかな、と思ったんだけど違ったんだ」

仰向けに寝ていた田辺さんが耳を澄ますと、それは窓辺に置かれた花瓶や写真立てが振動している音であった。

——地震か？

そう思ったが地面の揺れは感じない。

自分の身体に意識を向けたことで、田辺さんは嫌なことに気が付いてしまった。

身体が、まったく動かないのである。

「よく言う金縛りってやつだと思うんだけど、知らない人の家であれになると怖いもんで」

視覚と聴覚だけはいやにはっきりしているが、身体はピクリとも動かない。

身動ぎもできない田辺さんをよそに、真っ暗な家の中は異様な空気に包まれていく。

写真立てはパタンと倒れ、花瓶も鳴り続けている。

どこかの家具が嫌な音を立て、ゆっくりと何かが歩く音が聞こえてきた。

「今度こそ客であってくれって願ったよ」

ギィ、と玄関とリビングを隔てるドアが開く音がした。

田辺さんの思いを無視するように、謎の足音は田辺さんの周りをゆっくりグルグルと歩いて回る。必死に目で音を追うと、夜の闇よりも深い黒色をした影が見えた。

その影が歩くたびに、ギッ、ギッ、と床が嫌な音を立てる。

影は田辺さんの周囲を何度か回ったあと、彼の足元でピタリと歩みを止めた。

そして黒い影がゆっくりと田辺さんに覆いかぶさるように落ちてきた。

「ものすごい圧力だった。空気が抜けかけた風船を全身に押し当てられたような」

影が田辺さんの上に乗る。

のしかかった影はクッションを押し付けるように身体の隙間に入り込んできた。

脚の裏から股の間、脇の下から側頭部までみっしりと影に包まれる。

息苦しいほどの圧迫感を全身に感じながら、田辺さんは指一本動かすことができない。

影に飲み込まれるような錯覚の中、田辺さんは恐怖と息苦しさで意識を失った。

田辺さんが次に目を覚ました時には、辺りはすっかり明るくなっていた。

夜中にはどうしても動かなかった身体も、いつの間にか自由になっている。

飛び起きた田辺さんは慌てて部屋を見回したが、別段寝る前と変わった様子はない。

すぐに携帯電話を取り出し、依頼者の客に電話をかけた。

「もしかしたらまだ寝てるかな、なんて思ったけどすぐに出たよ」

昨日と同じ女性が電話に出ると、田辺さんはなぜ来ないのか問いただした。

しかし、女性は田辺さんの問いかけを無視して『昨夜はよく眠れた？』などと聞いてくる始末である。

「だから、夜中に起きたことを話してやったんだけどさ」

女性は田辺さんが体験したことを語っている間、さして興味もなさそうに相槌を打つばかり。そして一通り話を聞き終えると、短く『そこはまだダメね』と言った。

「どういう意味だって食い下がったんだよ、そしたらとんでもない話でさ」

田辺さんが一晩を過ごした部屋は、少し前に殺人事件があった部屋なのだという。

そして彼が横になっていた布団は、事件の被害者が死んでいた場所の真上に敷かれていたものであった。

アパート全体が静かなはずである。

このアパートはそもそも未だ不動産に物件登録されていないのだ。

「いやまあ、確かにあのころの出張ホストは金さえ出されればなんでもやるって感じだったけど、あの依頼はひどかったね」

どんなに文句を言ってみても、相手は氏素性も知らぬ電話の向こうの相手である。田辺さんは女性が告げたお金の隠し場所から仕事の料金を受け取って帰路についた。

「タンスの二段目の引き出しの裏だっていうから見てみたら万札が二枚セロテープでくっつけてあったよ。金を貼る前にお札を貼れって話だよね」

それから、田辺さんは事前に依頼内容を確認する癖がついたらしい。

フルーツ盛り

ホストクラブを経営する福島さんから聞いた話である。

店の常連客に酒の飲めない女性がいた。長い黒髪の、物静かな人だ。

彼女は恥ずかしがり屋で、いつも贔屓にしているホストのアスカを呼んでは隅っこの席で時間を過ごしていた。お酒の飲めない、お酒のにおいすらまったくダメな彼女が頼むのはもっぱらフルーツ盛り。

季節ごとの果物をふんだんに使った贅沢なものだ。決して安いものではない。

最初のうちはアスカもそこそこ払いの良い彼女を大切に扱っていた。

しかしアスカは次第に、いつもフルーツ盛りしか頼まない、静かで場にいまいちそぐわない彼女を遠ざけるようになっていった。裏では彼女のことを「退屈な女」などと罵っていたのだという。

やがてアスカの人気も出始め、ほかのホストは指名せず、アスカだけを待つ彼女は隅っこの席で一人で過ごす時間が多くなった。

そんな彼女にある日アスカは「時間の無駄だからもう店に来ないで良い」と言い、それっきり彼女が来ても相手をしなくなったそうである。

一途に貢いできたアスカに捨てられてしまった女性は、やがて店に顔を出さなくなった。噂では、悲嘆のあまり薬を飲み過ぎて亡くなったのだという。

「この業界、そういう類の噂はよく流れてくるからね。こっちも無視してたんだけど」

噂が出始めた数日後から、店に異常なことが起き始めた。

ホストクラブでいつもかけている音楽に交じって女性の呻き声を聞いた、というホストや客が出始めたのだ。そして、彼女の使っていた隅っこの席からは何度掃除をしても頻繁に長い黒髪が見つかるようになる。

しまいには、フルーツ盛りを注文して果物を口にした女性客が激しく咳き込み、口の中からごっそりと黒い髪が出てくるという事態まで起こってしまった。

下らない噂だと笑っていたスタッフたちも、立て続けに起こる不可解な現象に次第に恐れをなしていった。

真っ先に動いたのが彼女を捨てた張本人のアスカである。

彼はさっさと別のホストクラブに所属を変え、店を去っていった。

「だけどアスカが店を抜けても異変は止まなくてね。ああ、これは人じゃなくて場所に憑いちゃったんだなって」

憂慮した福島さんは、彼女がいつも使っていた隅っこのテーブルを客に使わせるのを止め、陶器などをさりげなく置いて飾りテーブルの演出にした。

そして彼女が店に来ていた毎週金曜日にはそのテーブルのうえにフルーツ盛りを供えるようにしたのだ。

すると女の呻き声も止み、座席や果物から黒髪が見つかることもなくなったそうだ。

今でも毎週金曜日には、彼女が使っていた席にはフルーツ盛りが置かれている。

「ホストは気軽に店を変えられるけど、店は簡単に土地を変えられないからね」

福島さんは首を左右に振ってそう言った。

ゲン担ぎ

小森さんはいわゆる反グレ的な組織に所属していた。

見た目はちょっと派手な最近の若者にしか見えない、笑顔のなつっこい青年である。

ある時、小森さんたちのグループが活動区域としている場所によそから来た違うグループが入り込んできた。

「先輩から『お前ちょっと行って話してこい』って言われてさ」

話してこいと言えば聞こえはいいが、つまりは相手のグループに殴り込みをかけろというわけである。

「俺たちはなんていうか、本筋の人たちとは違うから。グループに明確なシマとかないワケ。だからせいぜい、ここは先に俺たちが見つけた場所ですよって伝えに行くだけなんだけど、まあなかなか穏便にはいかないよね」

小森さん一人が抜擢されたのも、交渉がもつれて大人数同士のもめ事に発展して、警察沙汰にならないようにするためだ。

いわば貧乏くじの人身御供のようなものであったが、強面の先輩の言いつけだ。それにビシッと話を決めてくれれば、小森さんのグループの中での存在感も一躍大きなものとなる。

「そういう時は、俺たちも神頼みするんだ」

小森さんいわく、彼らは危ない事をする時は特にゲン担ぎを大切にしているという。

「向こうにヤバイ奴がいるかいないかなんて、運次第なもんでしょ。そこはやっぱり困ったときのなんとやらってやつでね。気持ちの問題だよね」

決行の一週間前、小森さんは近所の神社を訪れた。

本堂の前で深呼吸すると、財布の中から五円玉を取り出す。

今回の一件が無事に片付きますように、と念じて賽銭箱に五円玉を投げ入れた。

すると、五円玉が賽銭箱から弾かれて、箱の外へ転がり落ちてしまった。

小森さんは、縁起が悪いなぁと辟易しながら五円玉を拾い、再び賽銭箱に投げる。

だが、再び五円玉は賽銭箱に弾かれて地面を転がっていく。

「あれはね、ほんと勘弁してくれよと思ったわ」

ため息をついて五円玉を拾い、気を取り直して賽銭箱へ五円玉を投げる。

しかし――三度、小森さんが投げ込んだ五円玉は賽銭箱から弾かれてしまった。

「普通に考えてそんなことないでしょ、年明けの大渋滞で後ろの方から適当に放り投げたってわけじゃないんだから。目の前の賽銭箱に、ひょいっと投げ入れるだけ。それが三回も弾かれちゃって」

想定外の出来事に、小森さんは唸り声をあげて立ち尽くしてしまう。

「先輩に『賽銭箱に小銭が入らないから話し合いに行くのをやめさせてください』なんて言えるわけないからね。参ったよ」

頭を抱えた小森さんだったが、ふと名案が思い浮かんだ。

賽銭箱に五円玉が入らないのは、何かしらの厄の前兆かもしれない。ならば、その厄を退ければいいのである。

小森さんは七日の間、近所の寺や神社を片っ端から回り、御守りを買い集めたのだ。

「集めた御守りを、当時付き合ってた娘《こ》に当日着ていく予定のインナーのお腹部分に全部縫い合わせて貰ったんだ」

なぜそんなところに、と尋ねると小森さんが言った。

「相手は何かするなら腹を狙ってくると思ったからね。的も大きいし、命中すれば一発で動けなくなる。海外のドラマで銃の使い方を教える時、素人は腹を狙えって言うでしょ。ああいうのと一緒だよ。飛び道具も刃物も変わらない。素手なら顔、刃物なら腹ってね」

そしていよいよ当日。

小森さんは恋人に御守りを縫い付けて貰ったインナーを着こんで、相手のグループが進出してきた雑居ビルまで行った。

そこでは多少もめたらしいが、最終的には話をつけることに成功する。

「俺らみたいなグループは、荒っぽいこととかもめ事なんてできればしたくないんだ。詐欺だってそうでしょ。身体じゃない、悪知恵を使って稼いでる頭脳労働者だよ」

そうは言っても、小森さんが乗り込んだ当初は向こうのグループの活きの良い奴とずいぶん際どいもみ合いになったそうだ。

「お気に入りのシャツが台無しになったよ。だけど神社の神様やお寺の仏様はすごいねぇ、ちゃんと守ってくれるんだから」

でも、全部が全部うまくいったってわけじゃなくて。と言って小森さんがシャツを捲る。

そのお腹には、小さな傷跡が残っていた。

「いやぁ、○○寺はダメだね。あそこの御守りはまるで役に立たなかったよ」

傷跡をさすって、小森さんは笑った。

売人と幽霊

かつて違法薬物の売人をしていた男性の話である。

仮名であっても名前を出すことは憚られるので、ここでは『売人さん』とする。

「売人なんてものはロクなものじゃない」

そういうのは他でもない、当の売人さんである。

彼らの手口は何通りもあるが、その一つに最初は好意のふりをして薬物をタダでプレゼントする方法がある。

「稼ぎの良さそうな奴には特にやるね。先行投資だよ」

彼がヒモを養っているほどの売れっ子風俗嬢に渡したのは、とても依存性の強い薬であった。一応、まだ法律で禁止されていないものだそうだ。

「まぁ、どれくらいの頻度で依存するかは人それぞれだよ。覚醒剤だってそう。『人間やめますか？』なんてフレーズ使ってたこともあるけどさ、覚醒剤やって普通に生活しているのなんてたくさんいるよ」

芸能人だってそうだろう、と売人さんは笑う。

「いっぱいいるじゃん、前にやってたけど復帰した人。たまに再犯しちゃうけどさ。裏を返せばそれまでやめられてるわけだ。とにかく、薬の依存性なんてのは人次第だってこと」

売人さんいわく、人間は薬をやるから死ぬのではない。すべては量の問題だという。

「コーヒーだって飲み過ぎたら死ぬでしょ、ようは加減の問題だよ」

そう言って目の前のアイスコーヒーが入ったグラスを指先で弾いた。


薬を渡された女の子は、覿面《てきめん》に薬に溺れていった。

二回目、三回目と高額に設定された薬の料金をなんの躊躇もなく払っていく。

我慢できず、買ったその場で服用してしまうほどであった。

「ドンピシャにハマってたね。アレは発作がくると凄いんだ、前も後ろもわかんなくなっちゃうくらい。もう薬のことしか考えられなくなる」

合計五回、その女の子には薬を渡した。

そこで、彼らの関係は終わったという。

「俺たちには薬を卸してくれる『上の人』がいるわけでしょ。ある程度薬物中毒者の連絡先がたまったスマホは、上の人に渡すんだ。で、俺たちは新しいのを渡されてせっせと新規開拓に励むわけ」

ただ、女の子は売人さんにとても感謝していたという。

この薬をやっているときだけは、嫌な気持ちも忘れられる。それに私が薬でどんなに無防備になっていても、あなたは親切にしてくれるだけで手を出したりはしなかった。

本当に感謝している。

薬をキメたあと、彼女は涙目で何度もそう言ったのだ。

「あれはちょっとだけ胸が痛んだよね。ほんと可愛い子だったよ、手を出そうと思えば出せた。ていうか、頭の中にそういう考えはよぎった。ただ、その子ヒモがいるでしょ。何か問題が起きて警察沙汰になったら、ヤバいのはこっちだから」

唯一の連絡先であるスマートフォンも上の人に渡してしまったことで、そんな彼女との関係もプッツリと切れた。

売人さんは新しいスマートフォンを手に、またせっせと薬を配り歩いていた。

そんなある日、売人さんは思わぬ形で再び女の子の顔を見ることになる。

テレビの、交通事故の報道である。

「色んな意味でびっくりしたよ。見知った顔がテレビに出るってのは良い気持ちじゃないし、それに事故現場が俺もいつも使っている脇道だったから」

テーブルに道をなぞるように指を走らせ、息をもらす。

「原付の単独事故で死んだって出てた。だけど、あの道はそんな事故るような場所じゃないんだ。確かにちょっと狭いけど、見通しも悪くないし。きっと、運転中に薬の発作が出ちゃったんだと思う」

女の子の事故から数日後、売人さんは事故のあった脇道を車で通った。

電柱の傍には花や飲み物が供えてあった。

ああ、本当に死んだんだな。

その通りは画面越しに見るよりずっとリアルな死の空気を纏っていた。

脇道を抜けて大通りに出る時に、ふとバックミラーを見ると後部座席に誰か乗っていた。

もちろん、後部座席には誰も乗せていない。

気のせいだろうか。

ミラーを覗き込む角度を調整しながらもう一度確認する。

やはり、誰かいる。

「慌てて車を路肩に止めて、もう一回ミラーを見たんだ。そうしたら、あの子がいた」

あの脇道で、事故で亡くなったはずの女の子。

後部座席から、売人さんを見つめていた。無表情で、怒っているのか喜んでいるのか見当がつかない。ただ、じぃっと彼を見つめ続けている。


それから、女の子はどこにでも現れた。

用事で通った大通りの、鏡のように反射するガラスの向こう側。

ラーメン屋で出された水の表面にわずかに反射する天井の景色の中。

お風呂場の鏡、画面を消したスマートフォンの黒いスクリーンの中。

眠ろうと思って目を閉じた目蓋の裏側にさえ、彼女が出るようになった。

「よっぽど薬が欲しいのかと思って、通りのお供え物のなかに薬を入れたり、鏡に映る女の子に差し出してみたりもしたんだけどね。全然ダメ。まあ、もう死んじゃってるんだもんな、薬なんてやれるわけないよね」

彼女が売人さんに何か悪さをするということはなかったらしい。

それでも売人さんの精神は日々追い込まれ、次第に気持ちも弱っていってなかなか眠れない日が続いた。

「気付いたんだよ、こんな俺にも罪悪感ってやつがあったんだなって」

今まで全てノリと勢い、そして薬でごまかしていた自分の気持ちの中に、消えがたい罪悪感がある。瞳の裏にさえ現れる女の子が、その気持ちをチクチクと刺激する。

息苦しい日々が続き、売人さんはついに人に薬を売ることができなくなった。

あるいはそれが彼女の祟りだったのかもしれない、と売人さんは呟いた。

「もう、自分には限界が来たんだなって。ただ、薬を売るのをやめようって決心したらふっと女の子が消える、なんて美談はなくてさ。どんなにもうやめるって伝えたって彼女はまるで消えちゃくれないんだよ」

売人さんは思った。

きっと女の子は薬の発作を起こして死んでいる。つまり、薬のことを思いながら死んでいるのだ。ということは、連想ゲーム的にいつも薬を売っていた自分のことも頭の片隅で思って死んだんじゃないか、と。

残留思念とか、この世に残した思いとか。それが本当のところ何かはわからないが、そういう思いがべったりと自分に張り付いている。

「俺が悔い改めてどうにかなる問題じゃないなって。それで、多少疑う気持ちもあったんだけど霊媒師っていうの？　そういう専門家に見て貰ったんだ」

売人さんは今までのことを話し、もう薬物の取引から手を引くことを条件に霊媒師にお祓いをして貰った。

「目の前で呪文を唱えられて、木だか竹だかよくわからない棒で何度か肩の辺りを叩かれて、その後お札を渡されて終わり。それだけ？　って思ったけど、確かに目を閉じても女の子は見えなかった」

目を閉じた売人さんが首を前後左右に振り、彼女が見えないことを確認して言った。

「もう薬関係はあれっきり、約束通り足を洗ったよ。だからこそ、こんな話もしているんだから。売人をやめて変わったこと？　そうだなぁ、いちいち些細なことにビクビクしなくなったかな。多少貧乏でも、俺にはこっちの生活の方があっているよ」

また取り憑かれたりしないかな。

元売人さんはそんな不安を抱きつつも、時々事故のあった脇道で手を合わせている。

守護霊

美由紀さんは美人でスタイルもよく、頭脳明晰な女性である。

その優れた美貌と豊富な知識、洗練された話術でかつては赤坂のさるキャバレーで売り上げナンバーワンを誇っていた。

英語も堪能で、海外からのお客さんも獲得してしまうほどだ。

そんな美由紀さんも二十九歳になったころ、結婚の二文字が頭をちらついたという。

結婚を意識するようになった美由紀さんが最初に訪れた場所は、意外にも結婚相談所であった。ただし、男性は年収六百万円以上しか会員登録できないという、厳しい会員制の相談所である。

「お金がたくさん欲しいっていうよりは安心が欲しくてさ。それだけ稼げているなら、ちゃんと社会で通用してる証拠になるのかなって」

その相談所のお見合い会で出会った人は、開口一番「美由紀って素敵な名前ですね」なんて言うちょっとキザな男性だった。

年齢は美由紀さんより少し上、気取ったところを除けば親しみやすく、家庭のことや仕事のこともしっかり考えている人であった。

しかし美由紀さんには一つ、長年抱えている悩みがあった。

「私自身には見えないんだけど、私の守護霊がすっごい強烈なのよ。とっても怖い顔したおばあさんらしくって」

美由紀さんには見えないのになぜその存在を知っているのかと言うと、彼女と付き合った男性はデート中、もれなくその老婆に出会うからである。

「最初の彼氏は高校生のころかな。美由紀といると、スゴイ怖い顔のおばあちゃんがにらみつけてくるって言ってて。こっちも、はぁ？　って感じだったんだけど」

美由紀さんといると、どこにいても老婆が出てきてにらみつけてくる。そんな理由で最初の彼氏は美由紀さんのもとを去った。

美由紀さんは最初は体のいい別れ文句が思いつかないから、変な理屈をひねり出したのだろうと思った。

しかし、二人目の彼氏も三人目の彼氏も、美由紀さんといると老婆ににらまれるからと言って美由紀さんとの恋愛に終止符を打ちたがった。

ことここに至って、美由紀さんは自分の傍にいる老婆の存在を認識することになる。

そんなおっかない存在をなぜ守護霊と思うようになったのかと言えば、問題の老婆がどこにでも現れるという現象と、当時美由紀さんはろくでもない男とばかり付き合っていたからだという。

そして見合いで知り合った男性も、最初のデートの日に美由紀さんに「なんかさっきから、怖い顔のおばあさんがこっち見てる」と告げた。

お互いの仕事の関係でデートはディナーから始まり、二軒目のバーを経て夜景の見える公園でゆっくりと時間を過ごす。男性のエスコートも慣れたもので、さりげない口調で美由紀さんをホテルに誘った。

「誘い方もスマートだったし、最初のデートだったけどまあいいかなって」

誘われるままホテルのロビーに入ったところで、男性が青ざめた顔で「またあのおばあさんがいる」と言った。過保護な守護霊に内心ため息をつきつつ、美由紀さんは男性を促し部屋に入った。

しかし――。

衣服を着たままベッドでじゃれ合っていた時、不意に男性の視線が天井で止まった。そしてお決まりの言葉を言うのだ。「天井に、あのおばあさんがいる」と。

言うが早いか男性はいそいそと身なりを整えて、美由紀さんの手を引いてホテルから出てしまった。

それっきり、その男性とは連絡が取れず仕舞いだという。

次に美由紀さんが出会ったのは、年の離れた妹に勉強を教えている塾講師であった。たまたま妹を車で迎えに行ったときに顔をあわせたのだが、どちらからともなく好意を抱き、二人はすぐに意気投合した。

アコースティックギターが得意で美由紀さんのために弾き語りをしてくれる彼を見て、美由紀さんはまんざらでもなかったそうだ。

「今までいなかったタイプの男だなって。ちょっとダメ男なにおいがしたのに、夢中になっちゃったよね」

その彼も、やはり美由紀さんといると老婆を何度も目撃した。

しかし、男性は老婆に負けず美由紀さんに猛アピールしてくる。

そんな情熱的な男性にほだされ、美由紀さんも恋愛にのめりこんでいく。

事件はある日突然起こった。

いつものように美由紀さんを車で家まで送る最中、彼の顔色が優れなかったらしい。どうしたの、と聞くと「通りを一本過ぎるたびにおばあさんが出てくる。どんどん恐ろしい顔になって」と車を止めた。

そして美由紀さんに千円札を掴ませ「ここからはタクシーで帰って」と根を上げた。

「なんで彼にだけそんなスゴイ出方をしたんだろうって思ったけど、原因がわかったの」

なんと、塾講師の男性はすでに結婚していて子供もいたという。

美由紀さんは知らぬ間に、不倫相手にされていたのだ。

美由紀さんは初めて、老婆の霊に感謝した。

「いつも困らされてきたけど、やっぱりあのおばあさんは私の守護霊なんだなぁって」

二度目の婚活に失敗しても、美由紀さんはめげなかった。

彼女が次に見つけてきたのは屈強な消防士の男性である。

今回は美由紀さんも、あらかじめ自分の周囲に現れる老婆のことを彼に説明しておいたらしい。しかし男性は笑って「それよりヤバイものを現場でいくらでも見てるよ、俺は気にしない」と言ってくれた。

「デート中も彼はたくましかったわね。『あっ、あそこでおばあさんが見てる。今度はあっち』なんて笑って言っていたもの」

ついに思い切り恋愛ができる、結婚を考えられると思っていた矢先に、美由紀さんのスマートフォンに男性から別れを告げるメールが届いた。

なんと老婆は、火事の現場にまで現れたらしい。

「このままじゃ仕事に支障をきたすからって言われちゃって、返す言葉もなかったわ」

美由紀さんは今、若手起業家と新しい恋を育んでいる真っ最中だ。

「この間、彼が起こした会社の社員たちにも『この子、未来の俺の奥さんだから』って紹介されちゃったの」

起業家の男性は忙しく、まだ二人きりのデートの回数は数えるほどだという。

今のところ美由紀さんは自分の守護霊については黙っているが、彼の口からにらんでくる老婆のことは何も聞いていないらしい。

「時々視線があさっての方向にいくから、見えているとは思うんだけどね」

もしも美由紀さんが起業家の男性と別れたら、私は彼女に言ってみるつもりである。

美由紀さんに憑いているのは守護霊ではなく悪霊ではないか、と。

事故現場

小西さんは横浜駅を背に、早足で歩いていた。

どうしても外せない仕事で参加が遅れてしまったが、その日は友人の結婚式があったのである。せめて三次会だけでも間に合えば、という思いであった。

「向こうの荷物になっちゃうかなって不安はあったけど、結婚のお祝いの品を買って、それを片手に大通りで信号を待っていたんです」

見通しの良い道路で信号が変わるのを待っていると、白いワンボックスカーが奥の車線から強引に通りを左折しようと車体を乗り出した。

その次の瞬間、突然車線を変更したワンボックスカーの側面に、二人乗りのバイクが走行速度を落とさないまま衝突した。ワンボックスカーの突然の動きに、バイクはブレーキをかける暇さえなかったのだ。

ボンッ、と水の中で限界まで膨らんだ風船を破裂させたような音が響いた。

そして、後部座席に乗っていた女性が空を飛んだ。

ワンボックスカーの車体を飛び越えるように大きく弧を描いた身体が、今度は重力に引かれるように地面に吸い込まれる。

スイカ割りの棒がスイカのど真ん中に命中した時の音を立てて、女性が倒れこんだ。


——あっ、死んだな。


今思えば不謹慎であるが、事故の一部始終を見ていた小西さんは咄嗟にそう思った。

吹き飛ばされて地面に倒れ込んだ女性は微動だにしない。

ワンボックスカーとバイクの間に挟まれるようになっていたバイクを運転していた男性は、わずかに身体をよじっていた。パニックを起こしているのか、ワンボックスカーからは誰も出てこない。

ふと、周囲を見渡す。

信号待ちをしていた人々はスマートフォンを片手に、事故現場を熱心に撮影していた。

「目の前で事故があっても、誰も通報なんかしないんです。ただ撮影しているだけ。風刺画かなんかで見たことがありますけど、あのまんまですね。でも、絵だとそれを見た人は呆れたり怒ったりするでしょう。僕は違いましたね」

小西さんは、とにかく焦った。

自分が通報しなければという気持ちが、彼を慌てさせた。

スマートフォンを取り出し、一一九をコールする。通話口の向こうで『火事ですか？救急ですか？』と問う声がした。

「救急です、車線変更しようとした車とバイクが事故を起こしました」

『そちらの番地などはわかるでしょうか？』

「時々通る道ですが、細かい番地までは」

『道路標識か電柱の傍をご確認ください』

「えっと、ありました。住所は○○の××の一の三の――」

『ご報告ありがとうございます、すぐに向かいます。通報者様のお名前と連絡先をお知らせください』

「名前は小西圭太です。電話番号は――」


通報の際の会話はおよそこんなものだったらしい。

きちんと救急車が来るか、事故の顛末を見届けたい気持ちもあったが友人が待っている。

それに、めでたい席に行く前に縁起の悪い出来事に遭遇してしまったような気もした。

小西さんは、ふと自分の出で立ちが気になった。

仕事のためとはいえ、黒のスーツに濃紺のネクタイをしめていたのだ。

「結婚式っていうより、これじゃあまるで葬儀だなって思いまして」

小西さんはその場でネクタイを外すとそれをポケットにしまい、遠くから聞こえてくるサイレンの音を背に友人のもとへ急いだ。


その日の夜、小西さんは眠っていると不意に目を覚ました。

息が苦しい、全身が重い。明らかに異常だが、身体も思うように動かない。

視線を巡らせると、足元に悲しそうな表情の女性が立っていた。

——やっぱり、亡くなったんだな。

寝苦しい、覚醒と眠りの狭間のおぼろげな思考で、小西さんは女性の死を感じた。


それからというもの、小西さんが眠りにつくといつも女性が現れるようになる。

息苦しさも続いた。

なぜ、自分のもとに現れるのだろう。

どうして事故を起こした車の運転手でもなく、事故現場を面白半分に撮影していた信号待ちの人々でもなく、きちんと通報した自分のもとへ出るのか。

女性が地面に落ちる、死ぬ瞬間を見ていたからか。

最後まで見届けずに、あの場を去ったからか。

自分はまだ、女性の見送りを終えていないのかもしれない。

そう考えた小西さんは数日後、再び事故現場となった大通りを訪れた。

「道路脇に花がたくさん供えられていて。ああ、やっぱりダメだったんだなと思いました」

小西さんも買ってきた花を供え、女性の成仏を願い手を合わせた。

しかし、それでも女性が小西さんの寝所に現れた。

悩んだ小西さんは、ふとあの時自分がやった行動に思いが至ったという。

「事故を見た後、ネクタイを外したじゃないですか。あれが何か良くなかったのかなと」

再度事故現場を訪れた小西さんは、花とともにあの時着けていたネクタイも供え彼女の冥福を祈った。

あの日のネクタイを手放してから、小西さんの前に女性が現れることはなくなった。

「あそこでネクタイを解いた行為にどんな意味があったのかはわかりませんけど、あれ以来異変はピタリと止みました」

小西さんはお気に入りのラーメン屋に行く時も、あの道は避けて遠回りをしている。

ボロアパートの神様

デリバリーヘルス、いわゆるデリヘルで働いている知美さんの話。

知美さんはその日、店の車に乗って仕事で隣町のアパートまでやってきた。

見るからにおんぼろのアパートで、部屋を訪ねる前からウンザリしたという。

車を降りてアパートに入り、指定された号室の呼び鈴を鳴らす。

すぐに無精ひげの中年男性が顔を出した。

「ヒゲくらい剃っとけよと思ったけど、仕事だから。『どうもぉ、○○の知美でぇす』ってお決まりの文句で表情に出そうなのを必死にごまかしたわ」

引きつりそうになる顔に仕事用の満面の笑みを張り付け、知美さんが告げる。すると男性はにっこり笑って「入って！」と知美さんを部屋の中へ誘った。

「これがもうひどいのなんの。食べ終わったカップラーメンの容器を捨てもしないで床に置きっぱなし。いつどこから虫が出てくるかと思ったもん。それなのに、部屋の一か所だけすごい綺麗なの。とっても変だった」

お邪魔します、と内心の嫌悪感を押し隠して部屋に上がる知美さん。

少しの間他愛もない雑談が続いたが、不意に会話が途切れてしまう。

話のアテを探した知美さんが、先ほどから気になっていた部屋の綺麗な一角を指さした。

「あそこ、とっても綺麗ですけど何か置いてあるんですか？　ってね。そしたら聞かれた客が大はしゃぎしちゃって」

興奮気味の客が「あそこには祭壇があるんだよ、神様がいるからね！」と早口に言う。

——神様？

何かおかしな宗教でも信じているのだろうか。

これ以上この話題を続けたくないな、と感じた知美さんは、そろそろ……と言ってシャワーを借りることにした。

「そしたらね。シャワー室にもいたの、銅像が。私は宗教には全然詳しくないけど、あれはキリスト教っていうよりは仏教って感じに見えたわ。仏像っぽかったもの」

銅像から距離を置くようにしてシャワーを浴び終えた知美さんが部屋に戻る。すると男性が「じゃあ、今度は僕がシャワー浴びてくるね」と立ち上がった。そして思い出したように「僕シャワー長いから、ゆっくりしてて」と付け足した。

デリヘルは時間制である。

お金を払って自分を呼んでおいてシャワーが長いとは、ずいぶん悠長な客だ。

なかば呆れながら汚い布団に腰かけてスマートフォンをいじっていると、不意に周囲がうっすらと白み始めた。

「やだ、火事？　って思って煙の出所を目で追っていったら、さっき男が神様がいるって言っていた祭壇なの。気持ち悪いなって思ったんだけど、祭壇は別に何も燃やされてなかったのね。でも煙はどんどん増えていくの」

もくもくと増え続けた煙が、知美さんを囲むように広がっていく。

すっかり煙の中に飲まれた知美さんは、全身を無数の手で撫でられるような不快な感触に包まれた。思わず悲鳴をあげるが、煙が口元も塞ぎうまく声が出ない。

「……っ！　……っ！　やめてよぉ！」

三度目にして、ようやく知美さんは大きな声を発した。

すると風呂場から男が顔を出し「知美ちゃん、どうかしたの？」と聞いてきた。

男の声がすると、煙はスルスルと祭壇のほうへ引っ込んでいく。

知美さんは、シャワーを終えた男性に事の次第を話した。

「ちょっとは気味悪がるかなー、と思ったらぜんぜんダメ。それどころか、目に涙まで浮かべて感動しちゃって」

男性は「知美ちゃんは神様にあったんだね、すごい！」と嬉しそうに叫び、その場で何度も知美さんに向けて手を合わせ、お辞儀のような仕草を繰り返した。

「で、正直このまま終わるのかなって期待したら、妙な儀式を終えた後やることはちゃっかりやってったんだよ、あいつ」

また来てね、また指名するからね。

繰り返し熱っぽく言う男に見送られながら知美さんはそのアパートを後にした。

それにしても、と話をした知美さんがいまいましそうに言った。

「あのクソ神様、私の身体中を触りまくったのよ。支払い、二人分請求すればよかった」

知美さんは店に戻ったあと、店長に事情を話し、男性とアパートを彼女のNGリストに入れてもらったそうだ。

待合室にて

広告代理店に勤めている村瀬さんの話である。

村瀬さんは仕事の業績もよく、朗らかな人柄で役員の人々からも覚えがめでたかった。しかし、直属の上司である課長はそれを妬ましく思ったのか、村瀬さんに無理難題を押し付けては残業をさせ、肉体的にも精神的にも彼を追いこんだ。

「そんな状態だと、身体も壊すけど心の方も風邪をひいちゃって」

村瀬さんはやがて会社で手が震えだして止まらなくなったり、夜中に満足に眠ることができなくなった。

たまりかねた村瀬さんは会社のカウンセラーに相談し、カウンセラーの勧めもあり精神科のドアを叩くことになった。

「あとで知ったんですけど、精神科っていうのは結構特殊なとこで。なんていうか、心の風邪から大きな病気まで同じ医院で診ることも多いんです。身体の病気なら町医者から大学病院まで程度によって分かれるんでしょうが、それを一手に請け負ってる感じで」

村瀬さんが訪れたメンタルクリニックはベージュ色を基調にした落ち着いた雰囲気の場所だったが、患者のほうはバリエーションに富んでいた。

寝間着のままやってきたとしか思えない中年女性や、場に似つかわしくないアイドル然とした目鼻立ちの少女。酔っぱらってうたた寝しているおじさんに、診察で名前を呼ばれるまで背筋を伸ばして微動だにしないサラリーマンなどなど。

「中でも変わっていたのが、仙人みたいに真っ白なヒゲを伸ばしたおじいちゃんでしたね」

彼はいつも診察室の端っこに座り、たくさんの患者が呼ばれては去っていくまでを眺めながら過ごしていたという。


ある日村瀬さんは仕事の関係で、午前の部の診察時間ギリギリに駆け込みでクリニックを訪れた。

待合室には数えるほどの人しかいない。村瀬さんが診察券を出してまもなく、診察券を受け付けるボックスも仕舞われた。

「これならすぐに呼ばれるなって思って、空いている場所に適当に腰かけたんです。そうしたらたまたま隣にいたのがその仙人おじいちゃんで」

おじいさんはいつも小さな声でブツブツと何かを言っている。

特に苛立った様子はなく、診察の順番待ちで呼ばれないことに文句をこぼしているわけでもないように見えた。興味を引かれた村瀬さんが、そっと聞き耳を立ててみると——。

『テツオタジ、コハグタレヨキカ。ハレハレフルブキチ、ゴウヨウ……』

などとさっぱり意味のわからない言葉であったそうだ。

「入れ歯がとれたような喋り方でした。だけど耳を澄ませて聞いていると、イントネーションはやっぱり日本語なのかなって気もするんです。例えば『テツオタジ』は『べつの日に』と言ってるんじゃないかなって。勘ですけどね」

音は聞き取れるが、翻訳が間に合わない。

おじいさんの言葉のイメージはそんな感じだったと村瀬さんは言う。

やがて診察の人も減っていき、最後に残ったのは村瀬さんとおじいさんであった。

すると「村瀬さん、どうぞ」とアナウンスが流れ診察室に呼ばれた。村瀬さんはアレっと思った。

「だって、おじいちゃんは僕より先に待合室にいたわけですから、当然先に名前を呼ばれるはずでしょう？」

不思議に思いながらも診察を済ませ、待合室に戻る。

ほどなくして、受付の女性に名前を呼ばれ診療代を払い処方箋を受け取った。村瀬さんはお礼を言って財布と処方箋をカバンの中にしまった。

すると驚いたことに、女性は受付のカウンターに『午前の診療は終了しました。午後の診療は十四時三十分からになります』と書かれたボードを置いた。

――まだあのおじいちゃんが残っているのに。

「不思議に思って聞いたんですよ、あの人はいいんですかって」

村瀬さんが待合室の端っこを指さして言うと、受付の女性がわずかに目を細めて「ああ、いらっしゃってますか」と言った。

そして村瀬さんが示した方向に顔を向け「猪俣さん、今日の診察は終わりですよ」と告げた。すると、猪俣さんと呼ばれたおじいさんは顔をあげ、何かを思い出したような顔をしてすぅっと背景に溶け込むように消えてしまう。

「そりゃあもうびっくりしましたよ」

あっけにとられている村瀬さんに受付の女性は「たまに、今でも来ちゃうんです。生前の習慣を忘れられないみたいで」と言った。

マスクで隠れた彼女の表情はうかがい知れなかったが、あまりにも平然と告げる女性に村瀬さんは言葉を失った。

今も猪俣さんは、時々クリニックの隅っこで聞き取れない言葉を呟き続けている。

いつかアレを全部解読するつもりなんですよ、と言って村瀬さんは笑った。

閉鎖病棟の霊

日常的に市販薬の多量摂取を行っている上原さんから聞いた話である。

上原さんはネットで効果が抜群だと評判の薬を、試しに海外から個人輸入していた。

そして薬が届くと、早速箱を開け中身をすべて口に放り込んでしまう。

「めちゃめちゃ良いって話だったから楽しみにしていたのに、えらい目にあった」

その日初めて試したのは強烈なやつで、薬による激しいせん妄状態に陥った上原さんは、この世界は本当の世界ではないという妄想に取り憑かれてしまったのだという。

なんとか元の世界に戻ろうと思った上原さんは、着ている服を全部脱ぎ捨てて夜の街へと駆け出した。そして思い切り壁に激突し、前歯を二本折って意識不明で倒れているところを救急病院へと搬送された。

「気が付いたら病院だった。走ってたときの記憶なんてほとんど残ってない」

数日間を隔離病棟で過ごしたのち。上原さんは閉鎖病棟へと移された。

閉鎖病棟はまったく動けない隔離病棟と違い、病棟の中ならば歩き回ることもできる。パソコンもあるし、本も置いてある。隔離病棟より居心地はずっとマシだった。

「ただ、俺が言うのもなんだけど変わった人が多くってさ」

閉鎖病棟は集団生活になる。

自然とほかの利用者との交流も生まれるわけだが——。

一言もしゃべらないで、意思疎通をハンドサインで行うおじいさん。

一日に何回も顔を合わせるのに、会うたびに満面の笑みで名前を聞いてくるおばさん。

話しかけても無視するくせに、上原さんのあとをついてくる青年など、日常ではあまりお目にかからない人が多かったという。

一風変わった人たちに面食らっていた閉鎖病棟の生活で、上原さんは一人の女の子と仲良くなった。

年は十八歳で、高校生だという。

快活で、病院の中でうまく溶け込めない人のお世話をしたりもしていた。

「なんで君みたいにしっかりした子がここにいるのって聞いたんだ」

すると彼女はちょっと悲しそうに笑って「家族が私の世話をしたがらないから、ずっとここに押し込められているの」と言った。上原さんが見る限り、毎日穏やかに生活する彼女に特段の世話が必要とは思えなかった。

次第に上原さんは彼女と仲良くなっていく。

気が付けば、いつも談話室でくだらないおしゃべりをする間柄になっていた。

「打ち解けてきたし、ちょっと恥ずかしかったけど俺の入院した理由なんかも話してあげたんだよ。そしたらめちゃくちゃウケちゃって」

ひとしきり大笑いした彼女だがふと真剣な顔に戻って上原さんにこう言った。

「あなたとってても魅力的だから、きっとあの女の霊に気に入られる。女の幽霊が来るわよ。気を付けて」と。

あの女？　と聞き返すと、彼女が教えてくれた。

彼女が言うには、以前この閉鎖病棟に入院していた若い女性の患者が、院内で首吊り自殺をしたのだという。

病院のセキュリティは万全で、刃物を手にする時はもちろん、爪切りを使う時でさえ看護師が寄り添う。

入院患者は四六時中スタッフに監視されているし、言うなれば普通の世の中よりよほど死ににくい環境だ。

そんな中でも女性はほんの少しの空白の時間で首を吊り、自死を遂げた。

それから閉鎖病棟には、彼女の霊が出ると評判になった。

元気な人、面白い人、頭の良い人。

今までの傾向では、霊はとくにそんな人のもとに現れるらしい。


「なるほど、全部俺だな。なんて思ったりしたよね」

しかし、上原さんが気楽に笑っていられたのはその日のうちだけであった。

女の子に首吊り女の霊の話を聞いたその日は、何事もなく過ぎていった。

しかし翌日の夜、上原さんは全身に金縛りを感じて目が覚める。

「まったく動けない。視線だけが自由になるっていうのはホントだね。それで、ぐっ、ぐっ、とお腹の辺りに圧力が掛かるんだよ」

真っ暗な病棟の室内、ピクリともしない身体の中で唯一動く視線を闇に巡らせた。

腹部を圧迫するような重さの正体を探ろうと目を凝らす。

すると、上原さんの腹の上に白く、細い足が生えていた。

視線をあげる。

上原さんの身体の上に、首を吊った女が立っていた。

宙吊りになった女の脚はブラリブラリと揺れる。

揺れた脚が時折り上原さんのお腹にかすっていく。足の先が身体に触れると、息の詰まるような圧力が腹部にのしかかってくる。

首に紐を通した女が、じぃっと上原さんの顔を覗き込む。

女の落ちくぼんだ目と視線が合うと余計に息苦しく感じられて、視線を背けた。しかし、見えないと見えないこと自体が不安になり、余計に恐ろしい。

誰か来てくれれば、明かりをつけてくれれば。

そう思ったが、ナースコールのボタンまでどうしても手が動かない。

拷問のような時間は終わらない。

首吊り女の圧力は断続的に続く。

しかし身体は身動ぎもできないほど固まっている。

「どうすればいいのか必死に考えたとき、女の子の言葉を思い出したんだ」

女の霊に気に入られる、と彼女は言った。

彼女の言葉が正しいのであれば、上原さんを苦しめているこの首吊り女は自分のことが気に入っている可能性がある。

つまり、裏を返せばこの霊に嫌われればいいのだ。

首吊り女が自分への興味を失えば、この苦しみから抜け出せるかもしれない。

そう思った上原さんは、強張って動かない身体のコントロールをあえて手放した。

ずっと緊張状態だった身体の筋肉が弛緩していく。

そして下腹部に女の圧力がぐぅっと乗ったとき——上原さんは失禁した。

およそ二十年ぶりのおねしょをしたのである。

寝間着のズボンにまで染みができていくにつれ、上原さんを押さえつけていた金縛りと息苦しさは消えていった。

「やったことは間抜けだけど、こっちは必死だったよ」

夜中にこっそりズボンを洗おうとした上原さんは部屋を抜けだしたところで看護師に見

つかり、大層恥ずかしい思いをしたそうだ。

翌日のお昼、女の子にその話をすると彼女はお腹を抱えて笑った。

そして「今度から誰かに首吊り女の霊の話をするときは、上原さんのエピソードもセットで話すね」と目に涙を浮かべていった。

その後上原さんは首吊り女の霊に悩まされることもなく、閉鎖病棟で過ごす時間は平和に過ぎていった。


退院の日、上原さんは病棟を出る前に彼女のもとを訪れた。

「退院したら外で会おうねって、連絡先を渡したんだ」

あれから数ヶ月経つが、彼女からの連絡はない。

閉鎖病棟にふさわしくないあの笑顔を思い出すたび、どうしようもなく胸が苦しくなるという。

テレワーク

昨今のコロナ禍の影響で、藤堂さんの会社もテレワークを導入した。

毎日のように自宅で過ごせることは気楽であったものの、反面自宅と職場が混ざってしまったみたいで落ち着かない気持ちもあったそうだ。

というのも、彼の会社は頻繁にビデオ通話による会議が行われるのだ。

「だから自分の家なのに大半の時間はスーツを着て過ごすんだよね、肩がこっちゃうよ」

面倒くさそうに呟いた藤堂さんはある日、そのビデオ通話の会議で不思議な体験をしたという。

それは同僚との仕事の打ち合わせ中のこと、通話をしていると相手が口元をへの字に曲げて言った。

『おい藤堂、後ろに彼女が映ってるぞ、仕事中だろ。ちょっとは隠せよ』

「何言ってんだよ、今俺一人だよ。彼女なんて連れ込んでないって」

藤堂さんは一人暮らしで、現在付き合っている女性もいない。

訝しがる藤堂さんに対して、パソコン越しの通話相手の表情も冴えない。

『でも、確かにいる。髪の長い女の子。ほら、お前の後ろ』

「おいおい、脅かすなよ。お前こそ仕事中に不謹慎だぞ」

『いや、だってさ……』

同僚が画面の向こう側から、じっとパソコンを覗き込むように身を乗り出した。

『彼女、ちょっとずつ近づいてきてるぞ』

「だからぁ。彼女なんていないって、ちょっとくどいぞ」

『気付かないのか？　無視してるのか？　ほら、今お前の肩に手を置いた！』

相手のしつこい冗談にため息をつきつつ、藤堂さんは念のため両方の肩を順番に手で確認した。もちろん、そこには何もない。ただスーツの上を手がすべるだけである。

その仕草を見て、同僚の顔に緊張が走った。

「何驚いてるんだよ。ほら、何もないだろ。いい加減にしろよ」

『ごめん、一回通話切るわ』

青ざめた表情の同僚がそう告げると、一方的にビデオ通話は切られてしまった。

今まで同僚が映っていた画面が、真っ暗なディスプレイ画面に変わりパソコンに向かう藤堂さんの顔を鏡のように映し出した。

その暗くなった画面の向こう側に、確かに映っていたのだという。

髪の長い、見たこともない女性が。

振り返った藤堂さんの視界には、誰も映らない。

部屋の中はいつもと変わらないがらんとした風景があるのみであった。

もう一度、画面に視線を戻す。

もう黒いディスプレイには、藤堂さん以外誰も映りこんでいなかった。

そんなことがあった後も、藤堂さんは引っ越すことも机の位置を変えることもなくテレワークを続けている。同僚には、それがひどく不評だそうだ。

家の引っ越しとかは考えなかったんですか、と問う私に藤堂さんは笑って言った。

「あれくらいのことで引っ越しなんか考えないよ。それに、もしそんな女の子が居て俺の部屋で一緒に過ごしてくれてるんなら、会議の相手も話をすぐに切り上げるだろうし窮屈なテレワークも案外悪くないだろ」

微笑んだ表情は、強がっているようにも実際に楽しんでいるようにも見えた。藤堂さんの様子をじっと見つめても、画面の向こうに女性は見当たらなかった。

私が藤堂さんからビデオ通話で伺った話である。

車の下の腕

会社員の須藤さんは散歩が好きで、仕事あがりにスーツから私服に着替えると、よく歩きに出かけていた。

須藤さんいわく、散歩に行くことで仕事モードからプライベートへと気持ちを切り替えているのだそうだ。

彼の散歩には、特に決まったコースなどはない。

その日もいつものように気の向くままにそこら辺をグルグルと歩く。

田んぼばかりで、街灯もない真っ暗な道だ。懐中電灯を手に夜道を進む。

残業あがりだったので、午後十一時くらいに家を出ていたのだ。

夏の墨汁が溶け出したような闇の中で、茂みの奥の虫の鳴き声と、須藤さんの微かな息遣いだけが聞こえていた。

須藤さんは牛舎のある通りに差し掛かった。歩き慣れた、勝手知ったる場所である。

ただ、その牛舎の脇に見慣れない一台の白い軽自動車が止まっていた。

こんなところに車が止めたままになっているのも珍しいことだ。

須藤さんはそれが気になり、自動車のそばへ歩み寄ってみた。

ふと、車の下の方がぼんやりと光っているのが見えた。

なんだろうと思った須藤さんが車の下を覗いてみると、自動車の下、後部座席付近の場所から一本の腕が生えていた。

まだ幼い、柔らかそうな乳児のような手だったという。

もともといわゆる『見える人』であった須藤さんにとって、その手はそれほど驚くべきことではなかったらしい。「この車、なにかいわく付きなのかな?」とちょっと首をひねっただけでその日は散歩の続きに戻った。

ただ、どこかその自動車に、後ろ髪を引かれる思いがあったという。

次の日の夜も、須藤さんは仕事あがりに散歩に出かけた。

昨日の車とそこから出ていた手のことを思い出し、彼は自然と牛舎へと続く道を散歩コースに選んでいた。

今にして思えば、あの時すでに引き寄せられていたのかもしれないな、と須藤さんはしみじみと言った。

牛舎の横には相変わらず白の軽自動車が止まっている。

須藤さんが車の下を覗き込む。やはり乳児の腕があったが、数が違う。

その腕は三本に増えていた。

腕が増えていることを確認すると不思議な気持ちになりながら、妙にぼんやりとする気持ちで家路についた。


その次の日も、須藤さんは牛舎の横の軽自動車を見に行った。

腕は十本ほどに増えていた。ぎょっとする気持ちはあったが、だからといって何ができるわけでもなく、須藤さんはそのまま家に帰った。

「なんだかわからないけど、あの車の下を確認することが日課になっちゃって」

翌日須藤さんが車の下を確認した瞬間、軽自動車の下からは溢れんばかりの腕がびっしりと生えていた。その上、今まではただすとんと地面に向けて生えていただけの腕全体が、グネグネとうねっていた。

「今までいろんなものを見てきたけど、あんな生々しい気持ちが悪いものを見たのは初めてだった」

腕は歪な形に折れ曲がり、重なり、血生臭い匂いを放ちながら絡み合いうねっている。

尻餅をつきかけた須藤さんは、へっぴり腰で慌てて車から離れた。

――もうこの道を通るのはやめよう。

そう決心してその場を早足に去っていった。


ところがその次の日になってもまだ、須藤さんは問題の牛舎に向かっていた。

その日は冷たい雨が降っていたにも拘わらず、傘すらささずに出かけていった。そして気が付くと、あの軽自動車の前にいた。

「自分でもヤバイってわかってるのにさ、身体が言うことを聞かない感じ」

慄《おのの》く全身を強張らせながら、車の側面に手を添えてそっと車の下を覗き込む。

手は、一本も生えていなかった。

ああ、良かった。終わったんだ。須藤さんは心の底から安堵した。

そんな須藤さんの耳に、雨音とは違う湿った音が響いた。

ビチャリ、と粘度のある液体が張り付くような音。

最初に一つ。

それから二つ三つと音がどんどんと増えてくる。

顔を上げると、白い軽自動車に無数の赤い手形が付いていた。どれも小さな、赤ん坊の手のひらを思わせる形だ。

車の前方から後方から、ドア付近に手を置いていた須藤さん目掛けて手形がどんどんと近づいてくる。

須藤さんは車から手を離し、大慌てでその場を離れた。

そしてそのまま走って家に帰り、おそらく風呂も入らずに震えながら布団にもぐった。

おそらく、というのはどうも須藤さんはその辺りの記憶が飛び飛びなのだという。

「その日の、手形から逃げたあとの記憶がどうにも曖昧でさ」

須藤さんは手に襲われた翌日、同居しているお母さんに自分の様子を尋ねた。

すると、須藤さんは昨夜遅くに真っ青な顔をして家に戻ってきて、両手首にはあざを作っていたらしい。そして、そのあざはどうしたのかと聞いても何も答えずにさっさと部屋にこもってしまったのだという。

「多分、俺はあそこで連れていかれそうになっていたのだろうな」

手首をさすりながら、身を震わせて須藤さんが言った。

「後々考えると、なんで俺は毎日あんな所に通っていたんだろうって。時間が経てば経つほど怖くなってくるんだ」

サマーキャンプ

お母さんが強い霊感を持っている、藍子さんの話だ。

藍子さん自身は霊感というほどのものは持っていないがいわゆる視える人で、生き霊や幽霊にも憑かれやすい体質なのだという。

そんな藍子さんは小学生のころ、名古屋に住んでいた。

当時名古屋市に住んでいる小学生には、夏休みに御嶽山サマーキャンプという林間学校的なものへの参加権利があった。

「学校や地区は関係なくて、自費で申し込んで抽選に当たると誰でも参加できる夏のイベントでした。私は小学四年生と五年生のときに参加しました」

一度目、小学四年生のときは中学年という扱いだったので、三泊四日か四泊五日のプランがあったらしい。人見知りだった藍子さんは三泊四日の方に申し込んだ。

「だけど、サマーキャンプでの四日間が本当に楽しかったんです。もっと長く居たかったなって帰りのバスで後悔したほどです」

小学五年生になると高学年という扱いになり、キャンプに一日多く滞在できる五泊六日プランが追加されるそうだ。

藍子さんは迷うことなくそちらに応募し、意気揚々とキャンプに出掛けた。

「御嶽山サマーキャンプには特殊なルールがたくさんあったんですよね」

まず、携帯電話持ち込み禁止……と言っても隠れて持ってきている子はいたそうだし、藍子さんも持っていったという。ただキャンプには充電設備がなく、写真を撮りたい時だけこっそり使っていた程度だという。

そして、友人同士で申し込んでも現地に着いたら別の班で行動すること。

基本的に、名古屋市在住の初対面で同い年の男女数名に大学生のリーダー一人を加えて五泊六日を過ごす。そしてこの班がそのまま御嶽山で行動するメンバーとなる。

さらに特殊なルールだが、現地では本名は使わず、行きのバス内で自分で決めたあだ名で自己紹介し、サマーキャンプ中はそのあだ名で呼び合うこと、などの規則があったらしい。

「出発の朝、ものすごくワクワクしてたのを覚えています。でも……」

藍子さんいわく、二度目のサマーキャンプは行きのバスから何かが違ったそうだ。

今回も前回同様、見ず知らずの面々を前に自分で決めたあだ名で自己紹介をし、バスに揺られて高速道路を走り御嶽山に向かった。

「班のメンバーは良い子ばかりで、昨年同様に楽しい時間が過ごせそうだったんです。なのにどうしてこんなにもやもやしているのかわかりませんでした」

藍子さんは名古屋を出て三十分もしないうちにホームシックに似た寂しさに襲われ、せめて別のバスに乗っている友人に会いたいと強く思いながらバスに揺られていたそうだ。

御嶽山につくと、早速班ごとに分かれて行動を開始する。

去年は平地での行動が多かったが、今年は水辺でのオリエンテーションが多かった。

魚釣りや、歩いて細い川のわきを登るイベントなどをこなし、途中で小雨に降られた時は倒れていた木のそばで雨宿りをした。

他にも池の魚のつかみ捕りなど、山にある水場に浸かって行う遊びが多かった。またその行為の一回一回の時間も長かった。

そうしたレクリエーション自体は楽しかったが、どうしても常に不安と恐怖のようなものがつきまとっていたという。

「ほかの班は飯盒炊飯や山登りが多かったのに、うちだけ水浸しでした。ただ、参加者全員揃ってのキャンプファイヤー、班対抗体育大会等は楽しかったですね。それでもなんというか……あの身の置き所のないような気持ちは消えませんでした」

不安に苛まれた藍子さんもようやく五泊六日のサマーキャンプを終え、帰りのバスで初めて班のメンバーの本名や学校名を聞いた。

藍子さんも友達になった子に「藍子ちゃん！」と恥ずかしそうに呼ばれると、ようやく日常に帰ってきたんだなと実感しひどく安心したという。


しかし家に帰ると、いつも笑顔で迎えてくれるお母さんの表情が、藍子さんの姿を見て一変した。

「『あんた、何連れてきた？』って眉を顰めて顔を覗きこんできました。私の顔に何かついているのかな……、って思ったところまでは記憶にあるんですけど。私の顔を覗き込む母の顔は覚えているのに、実はそこから一週間くらいの記憶があまりないんです」

ですからここからは母から聞いたことなんですけど、と言って藍子さんが続けた。

「私、なんか一週間くらい、人が変わったようにヒステリーになったり酷く落ちこんだり、とにかく情緒不安定で様子がおかしかったみたいなんです」

藍子さんのお母さんは知り合いの占い師に相談し、護符を一枚貰った。それでも藍子さんは安定しなかったので、その占い師の師匠に当たる人にお祓いをしてもらった。

すると、藍子さんはようやく正常な状態に戻っていったという。

「当の本人は普通に過ごしているつもりだったので、全然覚えていないのですが、その一週間の出来事を聞いてとても怖かったです。普段、何かの間違いで霊を連れてくることがあっても、お母さんが追っ払ってくれましたし」

身体をさするようにして、藍子さんが続けた。

「数日の間、自分でない人が勝手に自分の中に入って生活していたって考えるととても怖かったですね」

ちなみに、どうしてここまで長居されてしまったのかをお祓いをしてくれた方に聞いてみたところ――

御嶽山は強い霊山で霊の類が多い場所であること。

前回に比べて水辺でのオリエンテーションが多かったこと。

何より名前を呼ばれない環境で憑きやすかった――名前の存在は本当に大事なのだそうである。

「先生は以上を可能性としてあげていました。ほんと、怖いですよね」

そんな話をしてくれた藍子さんだが、結婚して子供を産んだ後はあまり霊が見えなくなっているという。それについて、彼女はひとつ危惧していた。

「この体質がこの子に遺伝しちゃってたらいやだなぁって」

藍子さんの腕の中で、二歳になる子が小さな寝息を立てていた。

悪霊寄せ

この人と一緒にいると不吉なことばかり起きる。

そんな知り合いはいないだろうか。

世の中には、無意識に悪霊を寄せ付けてしまう体質の人間がいるのだそうだ。

「うちの大学に、めちゃくちゃ可愛い子がいたんですよ。しかもフリーだったんです」

そう鼻息荒く語るのは、渡辺君である。

彼は同じ大学に通う同学年の女子に一目惚れをした。

どうしても彼女と付き合いたい、とまずは外堀を埋めるべく彼女の情報収集に走った。

すると、おかしな噂が舞い込んできたのだという。

「彼女と深く関わると、皆不幸になっていくっていうんですよ。だから学校でもいつも一人なんです。でもそのちょっと浮世離れした姿がまた良くって」

彼女を取り巻く不吉な噂は絶えなかったが、恋に落ちていた当時の渡辺君にとってはそれさえも彼の気持ちを燃えさせる燃料にしかならなかった。

どんな不幸な目に遭ったって、自分は彼女の隣に居続けてやる。

そう決心した渡辺君は、ついに彼女に告白をした。

彼女は意外そうな顔をしたが、渡辺君の告白を笑顔で受けた。

こうして二人の恋人としての日々が幕を開ける。

しかし彼女と付き合いだした渡辺君に噂通り、いや噂以上の災難が次々とやってきた。

突然高熱を出して寝込む、なんていうのはまだ生易しいほうで、金縛りに幻覚に、見えない何かが耳元で鳴き続ける、など異変が立て続けに起こる。

それでも渡辺君はめげることなく彼女と交際を続けた。

一見クールに見えた彼女は付き合ってみると意外に表情豊かな甘えん坊で、恋人の自分にしか見せない一面に、この子には自分しかいない！　と意気込んだという。

けれど、愛に満ちた幸福感と立て続けに起きる不幸の間で揺れる恋は突然終わりを告げる。

それは渡辺君が通りで信号待ちをしていた時のことだ。

誰もいない歩道で信号を待っていた渡辺君の背中が、突然強い力で押された。

渡辺君はよろけて大通りに飛び出してしまう。

目の前数センチのところを、大型トラックがクラクションを鳴らしながら横切っていく。

間違いなく、あと一歩で死ぬところであった。

その瞬間、渡辺君は彼女との交際に限界を感じてしまった。

渡辺君が申し訳なさそうに別れ話を切り出すと、彼女はあっさりとそれを受け入れた。

そして別れ際、渡辺君の顔を見てにっこりと笑って言った。

「私と付き合って死ななかったの、渡辺君だけだよ」

前世の名前

これは昨年末、勤めていた会社が倒産した小木さんが語ってくれた話である。

小木さんは勤めていた会社が突然倒産した後、立て続けに不運に見舞われた。このままでは良くないなと感じて厄払いに行った時のことである。

そこのお祓いの先生に「もっとヤバイ相談の人の話」を聞いた。

その相談者の人には、今小学四年生の息子さんがいる。その子はどうも、物心ついて言葉が話せるようになった頃から、不吉なことを口にするらしい。

「死ぬ」

「死んでしまう」

幼くあどけない口ぶりで、頻繁にそんなことを言うのだそうだ。

特に何か病気をしているとか、親からの虐待があるとか、家庭環境が厳しいとかそういうものではない。

何故か小さい時から「死ぬ」というのである。

「ひとりで留守番してると死んでしまうから、置いていかないで」

「ひとりで待ってると死んでしまうから、お買い物に連れていって」

「死んでしまうから、ひとりにしないで」

お母さんが出かけるたびに、その子は無表情にそう言って母を止めるのだ。

そんな幼い頃から『死ぬ』という概念がある事も妙な話で、そのうえ毎日見えない、根拠のない『死』に怯える息子さんにその相談者さんはまいってしまい、お祓いの先生のところに相談に来た。

お祓いの先生がその子を見たところ、名前が良くなかった。

良くない、というのは画数とか苗字との相性ではなくて、前世と同じ漢字の名前だから『死』に引っ張られているらしい。

息子さんと同じ名前の前世の人は、神社の神主さんだったというが、その神社でとんでもない禁忌を犯して神主は自殺してしまった。

その時神様にしてしまった悪い事と、当時神主が背負った罪悪感を、名前を通して今世のその子も背負ってしまっている。

それ故に無意識に死に急ぎ、このまま放っておくと十八才まで生きられないと先生は言った。

だから、息子さんの名前を一文字でいいから変えたほうが良い、というのが先生のアドバイスであった。

では改名をするか、という話にはなったものの、おいそれと人の名前は変えられるものではない。とりあえずの処置として、相談者であるお母さんは、息子に自分の名前はひらがなで記すように教えている。

お母さんは今、非常に悩んでいるらしい。

というのも、父方の家も母方の家も共に厳格な家庭であり、霊だの前世だのという話はまったくもって信じていない祖父母や親戚たちなのだ。ゆえに、そんなスピリチュアルな話を親族にうまく説明できず、未だに名前自体は変えられないでいる。

その男の子がそれからどうなったのかは、聞けずじまいだという。

新聞配達

馬場さんが上京し、新聞配達をしながら劇団員を目指していた時の体験。

朝刊の配達ルートに、墓場を抜けて配達しなくてはいけないお寺があった。

そこは先輩達から「どんなに早く到着しても、朝日が完全に昇るまでは配達してはいけないぞ」と戒められていた場所である。

ある日まだ暗いうちにそのお寺にたどり着いた馬場さんは、先輩たちの忠告をすっかり忘れて、新聞を配達しようと墓場の中へと足を踏み入れた。

いつも朝日が昇ってからは迷うこともなく通り抜けられる墓場が、その日は全く通り抜けることができない。

馬場さんは、墓場の中で完全に迷子になってしまった。

しかし、そもそも迷い込むほどに広い墓地ではない。

お寺の一角にある、ごくごく普通のこじんまりとした墓地なのである。

それにも拘わらず、馬場さんは自分の位置を見失い、行けど戻れど墓地の中をさ迷い歩くばかりだった。

どんなに進んでも戻っても、墓地の入り口にも出口にも一向にたどり着けない。

馬場さんは途方にくれてしまった。


そうこうしてるうちに空が白み始め、寺から読経の声が聞こえてきた。

馬場さんは内心「経なんか読んでないで、助けに来いよ。新聞が届いてないのわかってるんだろう」、とやさぐれつつもその読経の声を頼りに足を進めていった。

そしてようやく墓地を抜けた、と思って馬場さんが出た場所は、お寺のすぐそばの総合病院の裏口であった。

すぐそばと言っても、お墓からはずいぶんと離れた位置にある建物である。少なくとも、墓場を抜けてすぐにここに出るはずはなかった。

「なんであんなところに出たのだろうって気になって、少し調べてみたんです」

馬場さんが調べてみたところ、その総合病院はかつては結核のサナトリウムになっていたそうだ。そして、亡くなった患者さんの遺体を遺族が引き取り霊柩車が出ていく場所が、その裏口だったらしい。

寺のお墓には、そこの患者さんだった方も多く眠っていると聞いた。

それっきり、馬場さんはどんなに早く着いても朝日が昇るまでそのお寺への新聞配達は控えている。

パパの似顔絵

後藤さんはテレビ業界に努めるアシスタントディレクターである。

横文字の肩書きは聞こえはいいが、実態はディレクターやテレビ局関係者たちの使い走りであるという。

朝から晩まで徹底的にこき使われて、使い走りをやらされたと思えば楽屋を回らされたり、現場に引っ張られたりと、てんてこ舞いである。

「アシには人権なんてものはないなって思ったもんですよ」

特に後藤さんの扱いが雑なディレクターがいた。名前は仮に加賀とする。

彼は日頃から後藤さんを顎で使っていたが、特にひどいのが酒癖だった。

後藤さんがまだ仕事を残していても、無理やり飲み会に連行するなんて当たり前。

連れていかれた飲み会でも、後藤さんは加賀に無茶な飲み方を強要されたり暴力を振るわれたりとさんざんな扱いを受けた。

そして、しこたま飲ませて後藤さんを潰した挙句に「仕事が残っているだろう」と真夜中にテレビ局に戻らせるのだ。

後藤さんは職場のトイレで散々吐いたあと、ゲロと涙と鼻水にまみれた顔をくしゃくしゃにして加賀を憎んだ。

そして、上京したときに母親に貰った御守りを握りしめては「加賀の横暴がなくなりますように。加賀がひどい目に遭いますように。加賀がどこかにいなくなりますように」と祈り続けたという。


目が回るような忙しい日々が何年も続いたある夜も、後藤さんは飲み会のあとに遅くまでテレビ局で働かされていた。

加賀への恨みを込めて握りしめる御守りはすでに真っ黒になっている。

それでも後藤さんは、怨念ともいうべき思いを込めて御守りを握りしめ、一心に加賀がいなくなることを願っていた。

それから数日後、後藤さんは思いもよらぬ訃報に触れる。

後藤さんをこき使っていたディレクターの加賀が、突然死したというのだ。

死因は急性の心筋梗塞で、突然仕事場で倒れて救急車が来るまでの間すらもたなかったらしい。

あっけない幕切れに、しかし後藤さんは悩んだ。

「なんてったって、綺麗だった御守りが真っ黒になるまで何度も何度もあいつの不幸を願掛けし続けていたわけですからね。いなくなって安心はしましたけど、気持ちの良いものじゃなかったですよ」

加賀が逝去した後も後藤さんの忙しい日々は続いたが、加賀ほど後藤さんを無茶に働かせる人はいなかった。

そのうちに後藤さんはテレビの仕事で知り合った女性と結婚し、子宝にも恵まれた。

子供が成長していくにつれ、かつて抱いていた加賀への罪悪感も薄れていった。

仕事も充実し子供も健やかに育ち、後藤さんは幸せを噛みしめていた。

真っ黒になった御守りも、もうずっと引き出しの奥にしまったままだった。

だがそんなある時、後藤さんに衝撃的なことが起きる。

三歳になった彼の娘が、ある日幼稚園の課題で家族の似顔絵を描いたのだ。

そこにはクレヨンで描かれた、拙いながらに一生懸命に描いたであろう手をつなぐ後藤さんと奥さんと、娘さんの姿があった。

ただ、画用紙に描かれた後藤さんの頭の上には、真っ黒な一本の角が生えていた。

後藤さんは、絵の角を指し示すと娘に優しく問いただした。

「これはなんの絵だい？」

「パパの似顔絵だよ」

「この、パパの頭から出ているものはなあに？」

「だから、これがパパの似顔絵なんだよ」

娘さんは、無邪気な笑顔でそう言った。

黒々と塗られた後藤さんの頭の上の角。

後藤さんは、すぐに真っ黒になるまで握りしめた御守りのことと、そして自分が憎しみをぶつけ続けた加賀のことを思い出した。

「ドキリとしましたね。やっぱり、何か念のようなものがあったのかなって」

今でも、娘さんにお父さんの似顔絵を描かせると、決まって頭の上には黒々とした角が生えているという。

「せめて娘が大きくなった時に、見えなくなっていれば……」

祈るような口調で、後藤さんはそう言った。

滅菌室の棚

地元の病院に勤める都子さんから聞いた話。

都子さんがその病院で介護員、看護助手という職に就き仕事にも慣れた頃のこと。

都子さんが働く病院は手術する患者さんが多く、人の入れ替わりの多い病院だった。

当然、傷口を消毒する器具などもよく使われた。

使用したものは綺麗に洗い、特殊な袋に入れて滅菌室という場所で菌を殺すための機械に入れられる。

滅菌室は手術室のそばにあり、その近くに救急車用の入り口、救急車用の手術室、ＣＴスキャン室、レントゲン室、そして霊安室があった。

霊安室のそばにはエレベーターがあり、上にあがれるようになっている。

二階には急性期といって、術後間もない患者と少し危ない状態の患者が入院していた。

三階は天国に近いフロアと言われ、いわゆる死を待つ状態か、専門の施設行きを待つ患者がいる場所であった。


ある日曜日、都子さんは早番の出勤があり滅菌室の担当であった。

日曜は手術が休みであり、手術室から滅菌室に至る電気は全て消されている。

都子さんは薄気味悪い廊下を足早に滅菌室に向かった。

外は強い雨で、廊下には雨音だけがむなしく響いていた。

(やだな、電気も消えてるし。最初に誰か来てくれてれば電気つけなくていいのに)

都子さんはそう思いながら滅菌室に入り、渋々電気をつけた。

――早く終わらせよう。

その一心で滅菌室の棚に足りなくなったものを補充していると、ふと背後に視線のようなものを感じた。

背中の右側に、突き刺さるような感覚があったという。

そちらにはラックがあり、滅菌を終えたものが積まれてる。

その隙間から、誰かが覗いているような気配が感じられたのだ。
――絶対目を合わせちゃいけない。
都子さんには霊感があった。
その感が、絶対にそちらを見てはいけないと告げていた。
と、その時都子さんは気がついた。
――ひとりじゃない。
視線は四方八方から都子さんの背中に向けられている。
気味の悪さを感じた都子さんだが、気付いていないふりをしようと作業に戻った。
その時、滅菌室の棚から物をずらした瞬間、棚の奥に顔が見えた。
右半分がひどい火傷をしたのか赤くただれた、ナース服を着た女性の顔。
ただれた顔が、無表情にこちらをじっと見ている。
思わず怯みそうになった都子さんは、すぐに下を向き呼吸を整えようとした。
心臓の鼓動が、自分の耳に聞こえてくるほどに高鳴っている。
――早く終わらせよう。早く……。
気持ちが折れてしまいそうな自分を叱咤して、都子さんが作業を進める。

背中にはびっしょりと冷や汗をかいていた。

ふいに自動ドアの開く音がする。

「お疲れ様です」

別の病棟の人が、機材を取りにやってきたのである。

その瞬間、背中に感じていた視線も、目の前に見えた顔も霧散していった。

――助かった。

都子さんは必要なものだけ補充すると、それを台車に詰めて病棟に戻った。


しばらく後、都子さんはその出来事を長く病院にいる先輩の看護師に話した。

するとその先輩は都子さんに、かつてここに勤めていた人の話をしてくれた。

いわく、二階の病棟が担当だった看護師の一人が、いじめにあっていたのだという。

ドロドロとした陰湿なもので、しまいには周囲の悪意によって、彼女にいわれのない医療ミスまで押し付けられた。

その看護師はミスを自分の責任にされたショックで、病院の前で自殺した。

頭からアルコールをかぶり、自分に火をつけたらしい。

駆け付けた同僚がすぐに火を消したが、火傷があまりにもひどく亡くなってしまった。

カルテからこっそりその自殺した看護師の写真を見せてもらったが、顔半分が焼けただれた姿は都子さんが滅菌室で見たナースの姿そっくりだった。

「看護師としてすごくできる子だったし患者さんからも好かれていたけど、長くいるベテランからしたら自分より先に出世していくのは許せなかったんだろうね」

ポツリと、先輩はそう話したらしい。

——もしかしたら彼女は、ずっとあの棚越しに自分に罪をなすりつけた相手を探しているのかもしれない。

あの焼けただれた無表情な顔を思い出しながら、都子さんはそう思ったという。

接ぎ木の呪い

高坂さんの実家には、広大な庭があった。

東北地方にあるその家は旧華族の流れを組む古い邸宅で、庭には立派な木々が何本も立ち並んでる。

半年ほど前、その庭の手入れをしていた祖父が入院してしまった。

そこで年々手入れが大変になってきた庭を片付け、古くなった老木を処理して貰うために植木屋を呼んだのだという。

植木職人たちの作業は朝から夕方にまで及んだ。

彼らの仕事が終わった頃を見計らって、高坂さんは差し入れのお茶を持っていった。

やってきた植木職人さんは師弟と思しき壮年の男性と、若い青年である。

二人とも無口で職人肌なタイプで、お茶を受け取っても「どうも」と言うだけで、場に気まずい沈黙が訪れた。

居心地の悪さを感じた高坂さんは家の中に戻ろうかとも思った。

だが広い庭をとても綺麗に手入れしてくれた職人さんたちを、きちんと見送りたい気持ちもあった。

それに、高坂さんには彼らに聞いてみたいこともあったのだ。

「植木屋さんのお仕事をなさっていて、不思議なことってあったりしますか？」

趣味で奇妙な話を収集している高坂さんは、この機会に植木仕事にまつわるそういった類の話を聞き出せないかと切り出してみた。

「いや、べつに」

青年のほうはちょっと間を置いて、首を左右に振った。

失敗したかなぁ、と高坂さんが作り笑いを返すと、壮年の男性が小さく唸った。

「……接ぎ木かな」

壮年の男性が、指で頬を何度か掻いた後にぼそりと言ったらしい。

「接ぎ木、ですか？」

「広い庭園や農家の畑なんかでは見栄えを良くしようとか、作物を良いものにしようってんで結構見るけどさ。接ぎ木ってのはあんまり良くないんだ」

接ぎ木というのは、二つ以上の植物を人為的に作った切断面で接着して一つの植物にすることらしい。

「良くない、と言いますと？」

「あれはさ、人間で言えば自分の身体に他人の腕とかを植え付けるようなものだろう。もちろん、上手に適合する時もある。逆に全くダメで、すぐに枯れちまうことも多い」

接ぎ木は植物の相性やそれを行う人の腕次第なのだ、と説明してくれた壮年の男性が大きく息をついた。

「でも一番良くないのは、接ぎ木が上手くいかなかったのに、枯れることもなく育ち続けてしまう状態でね」

だってそうだろう、と言って男性が自分の身体をさすった。

「自分の腕ではない何かが、ずうっと身体の中で生きているんだ。当然そんなことをされた木は苦しいだろうね。そういう木が、ごく稀にあるんだよ」

「植物でも、そんな風に感じるのでしょうか？」

高坂さんが問いかけると、男性は小さく頷いた。

「苦しんでいる木はさ、ぱっと見た感じは普通の木と変わらない。でも、掘り起こして根を見るとわかるんだよ。普通、木の根っていうのは広がって伸びていくだろう。だけど、そういう木は違うんだ」

首を傾げる高坂さんに、壮年の男性が低い声で言った。

「接ぎ木がうまくいかなかったのに生き延びてしまった木の根は、苦しんで悶えているように絡まって、地面の中をのたうち回っている。そういう木は、人を呪うって話を聞くよ。こんな身体にした人を、苦しいまま育て続ける人を呪い続けるってね」

息を吐いた植木屋が、消え入りそうな声で呟いた。

「……この家のは、大丈夫だと思うんだけどね」

ぞっとした高坂さんが、老木の立っていた場所を覗き込んだ。

今はすでに何もなくなったそこは、深くまで掘り返された土で黒々としていた。

高坂さんの祖父が一ヶ月前に他界したことは、彼らには伝えられなかったそうだ。

供養梅

熱海には、供養梅と名付けられた梅の木が存在する。

その木がある場所は熱海梅園という、熱海でも指折りの観光スポットである。樹齢百年を超える古木を含め五十九品種・四七二本が並ぶ梅の名所で、日本一早咲きの梅の見どころとしても有名な場所だ。五月から六月には緑があふれ、また秋には数百本の紅葉樹もあり、四季折々を彩っている。

供養梅は熱海梅園の数ある梅の木の中でも『梅園六名木』に数えられている木だ。

なぜ、この梅が供養梅と名付けられたのか。

そもそも熱海の現在の繁栄は、東海道線丹那トンネル開通に起因すると言われている。

トンネルは、この供養梅の真下を通っており、その工事の最中、落盤事故によって十数名の殉職者が出てしまった。

その時の犠牲者を含め、昭和九年のトンネル完成までに六十七人の犠牲者が出た。

そこで昭和三十五年、この地に植樹した木を供養梅と名付け、市民の意を体し熱海梅園のなかに顕彰したのだという。


この全長七八〇〇メートルに及ぶ丹那トンネルは、開通までに十六年の歳月を要する難工事であった。崩落事故も数多く起きたが、その一幕について一九二一年の新聞にこう記されている。

「坑奥の生埋生存者が食物もなき暗黒裡に百度近き地熱に蒸されつつ果して生息し居るや頗る覚束なき次第となれり」

崩落現場の過酷極まる状況を記したものだ。

供養梅は、彼らが落盤に遭い苦しんでいた場所の上に咲く梅なのである。

数ある樹木のなかで『梅園六名木』と称されるだけあり、見ごろには素晴らしい花を木全体に咲かせる。

しかし三月末、梅の花が全て散り、芽も吹き出さない樹木が丸裸になるころにこの供養梅は一変している。

元来まっすぐ伸びる木が多い熱海梅園の梅だが、供養梅は様子が違う。

幹はぐにゃぐにゃと曲がりくねり、枝は四方八方に伸び、その表面には白い粉が吹き上がる。なんとも歪な様相を呈しているのだ。

私にはそれがまるで、地熱に蒸されのたうつ人々の姿を表しているかのように見えた。

そのうねり曲がる梅の木の横には、この供養梅に捧げられた詠が木札に掲げられている。

供養梅のあの姿を見てしまった私には、それが恐ろしいものに思えてならない。


『有難や　熱海栄えの　人柱』

廃村旅行

「廃墟に行ってみないか？」

大学時代の友人にそう誘われて、真野さんは廃墟探訪と写真が趣味の友人と廃村旅行をしたことがある。

東京から車で栃木県の山奥にある廃墟へ行き、車中泊をして翌日帰るという計画だ。

真野さんは廃墟に興味はなかったが、キャンプ気分で行けばいいかと了承した。

東京から栃木の廃墟まで数時間。

夜が明け始めた早い時間から出発して目的地を目指す。

友人は、４ＷＤに乗ってやってきた。大げさなやつだと、真野さんは苦笑した。

しかし廃墟への道のりは、真野さんが想像していた以上に過酷なものであった。

グネグネとしつこく蛇行する山道の道路など可愛いほうで、途中からまったく舗装すらされていない深い山道になった。

それでも友人自慢の４ＷＤは山の中を力強く進んでいく。

ガタガタと休みなく上下に動く車内。

なるほど、これは普通の車じゃ到底走れない。

揺れる視界で外を眺めながら真野さんは心の中で独りごちた。

やがて、目の前に小さなトンネルが見えてくる。

こんな山奥の道でそんな心配はないだろうが、万が一対向車がやってくればすれ違えないであろうほどに狭い道だ。

向こう側の明かりは微かに見通せるが、トンネル全体は暗闇に覆われている。廃墟に続く使われていないトンネルなのだから、当然と言えば当然であった。

ゆっくりと、車のライトを頼りにトンネルの中を進んでいく。

トンネルの壁面には石の色合いか汚れか判別できない白い模様のようなものが所々に噴き出している。その様がいかにも不気味で、それらがライトに照らし出されるたびに真野さんは内心ヒヤりとしたものであった。

息が詰まりそうな長いトンネルを抜けると、見晴らしのよいとても大きな広場に出た。

「ここは集積所だな」

広場を見た友人が言った。

この廃墟はもともと炭鉱があった場所である。おそらく、この大きく開けた広場はその炭鉱で取れたものを集めたり、様々な種類に仕分けするのに使っていたのだろう。というのが友人の見立てであった。


広場を抜けて目的の場所に着くと、そこは想像以上に大きな集落だったという。

壊れた坑道とそれを結ぶ線路は途中から崩れ、断崖絶壁になっている。

がらんどうの団地は見上げるほど大きく、その場所のかつての隆盛を感じさせた。

他にも学校や病院と思しき建物もあった。

ここは、この場所だけで生活が成り立つようにできている。

いうなれば、廃墟というよりも廃村だと真野さんは感じた。

それほどにその場所は広大で、様々なものがあった。

廃墟というものは不思議なもので、かつての生活の面影が色濃く残っている。例えばそれは団地の前に出しっぱなしの段ボールであったり、坑道の途中に置かれたままのトロッコであったり、門を開かれたままになっている学校であったりする。それらは埃さえ被っていなければ、今にも生活が動きだしそうな不思議な雰囲気をはらんだ空間であった。

人の営みの跡が色濃く残るそこはそれでいて深い静寂に包まれていて、どこか懐かしくもあり、不気味でもあった。

真野さんと友人は車を降りて廃村に出た。意外にも空気は澄み渡っていた。山の中なのだから当然かもしれないが、目の前の廃村と澄んだ空気には妙なギャップがある。

カメラを構えた友人が最初に向かったのは、廃村の中で最も目立つ坑道であった。

天井の崩れた、錆びた鉄枠だけ残っている門扉をくぐり抜けて線路に出る。

トロッコに向けてしきりにシャッターを切る友人をよそに、真野さんはそっと線路の途切れた場所から断崖を覗き見た。

高所恐怖症の真野さん自身、なぜ自分からそんな怖いことをしたのか今でもはっきりしないが、誘われるような気持ちになっていたのだという。

そこには、ぽっかりと黒が広がっていた。

巨大な谷底は、肉眼では奥まで見通すことができない。

中天に届きそうな陽の光さえ届かない深い闇が大きく口を開いていたのだ。

そっと小石を放り込むと、あっという間に黒い谷底の奥に消えていく。数度、線路脇の石を投げ込んだ。溶けるように消えていく石の行き先を目で追うことはできない。

投げ込んだ石を飲み込んでいく蠢くような闇は、時が止まってしまった廃村の中で、まるでそれだけが生きているように感じられた。


一通り坑道の探検と撮影を終えると、友人は真野さんを団地に誘った。

団地は本当にそこにあった生活を一時停止させて埃をまぶしただけのような生活感が残っている。

置きっぱなしの四角いテレビも、まあるいちゃぶ台もすすけたグラスもひっくり返ったランドセルも、人々の日々の営みを色濃く感じさせた。

団地にはこれといった破損も見られず、天井や戸がしっかりしていたので、こんな風にはっきりと日常の跡が残ったのだろう。団地の風景を見回しながら、真野さんはぼんやりそんなことを考えた。

真野さんにはなかなか興味深い景色であったが、友人には刺激が足りなかったらしい。友人は団地に向けて数度シャッターを切ると、足早に廃村の奥へと進んでいった。少し名残惜しい気持ちもあったが、真野さんもあとに続いた。


「よし、次はここに入ろうぜ」

友人が嬉しそうに笑みを浮かべながら指さした先は、廃墟になった病院であった。

こちらは風雨にさらされてしまったようで、いたる所の床が抜け落ちていた。

注意しながら入ると、建物の中は薄暗い。割れた窓と崩壊した天井の一部から入る陽光を頼りに、病院の中を奥へと進む。

調剤室には様々な薬も残されていた。

真空パックの錠剤は綺麗に残っているものもあれば、湿気に触れてしまい中身が溶け出しているようなものもある。ドラマでしか見たことのないような、注射液を入れておく茶色い瓶も並んでいた。アンプルと呼ばれているものだろう。

そして友人が期待を膨らませて『手術室』と書かれた場所へと足を進めていく。真野さんも中を覗き込んだが、手術室は綺麗なものであった。

天井がしっかりしていたおかげだろう。手術台は確かに物々しい雰囲気はあったものの、廃墟というには似つかわしくない、汚れなどもない綺麗なものであった。

「おい真野、見ろあれ！」

友人が鼻息を荒くして指さした先には、割れた窓とそのそばに置かれた分娩台があった。こちらは割れた窓から雨水が入り込んでしまったのであろう、ひどくサビついていて、いかにもな雰囲気を漂わせている。

特に妊婦さんが座る場所の辺りに広がる赤黒い錆は、大層気味の悪いものであった。

近づいてみると、金属が腐食したのかひどいにおいがした。

友人は嬉々として分娩台の撮影を開始したが、真野さんはどうにも居心地の悪さを感じて一人で先に手術室をあとにした。

すると、どこか遠くからポーン、ポーンとボールが跳ねるような音が聞こえた。

音を追うように歩いていくと、病院の裏手から小学校の体育館が見えた。

「ちょっと、あっちのほうを見てくる」

撮影に夢中な友人に告げて、真野さんは体育館に向かった。

体育館には複数のドアがあったが、右端の出入り口を除いてすべて固く閉ざされていた。ひとつだけ大きく開かれた場所はまるで真野さんを誘っているようである。

――音はここから聞こえたはずだけど……。

真野さんがそっと体育館を覗き込む。

体育館の板張りの床には、新雪をちりばめたように白い埃が層をなしている。

真野さんが体育館の中に一歩足を進めると、そこだけくっきりと足跡が残る。そんなところも新雪にそっくりであった。

踏みしめるようにして、一歩一歩奥へと進む。

ふと、体育館の中央付近に一つ、白いボールが転がっているのに気が付いた。

大きさからすると、バレーボールか何かだろうか。真野さんは埃ですべらないように、足元に注意しながらゆっくりと近づいていく。

そしてボールのすぐそばまでやってきたとき、真野さんはボールに伸ばしかけた手を止め、逡巡した。

――なぜこのボールだけこんなに綺麗なままなのだろう？

雪のような塵埃に包まれた体育館の中で、一際異彩を放つ新品同様のボールに、真野さんは言い知れぬ違和感を覚えた。

カタッ、カタッ、と体育館の奥の方から何かが動く音がする。

考えにくいことではあるが、もしかしたら誰かが先にここに来ているのかもしれない。

「誰かいますか？」

返事はない。周囲は沈黙が支配していた。

真野さんは数度、物音がした奥へと向かって声をかけた。

すると、不意に奥のほうからペタペタとゆっくり上履きで歩くような音が近づいてきた。

それに合わせて埃に覆われていた床に小さな足跡が浮かびあがってきた。

目を凝らしてみても誰もいない。足跡だけがゆっくりと迫ってくるのである。

不意に背筋に氷を当てられたようになった真野さんは、慌てて体育館を出て病院にいる友人のもとへ向かった。

手術室の近くまで来たところで、真っ青な顔をした友人と出くわした。

「帰ろう」「ああ」

どちらからともなくそう言い合うと、二人は連れだって大急ぎで車を止めていた場所まで駆け戻った。

ずいぶんと時間が経っていたようで、中天に差し掛かっていたはずの太陽は、いつの間にか廃村を囲む高い山の中に隠れようとしている。

車に乗り込むと、友人は物も言わずにエンジンをかけ走り出した。

広場を越えトンネルを抜けるころには、辺りはすっかり夜の闇に包まれていた。

真っ暗になった山道はウネウネと曲がり、不快に車を振動させる。

果たしてここにやってくるときはこんなに時間がかかっただろうか？

さっきはこんな場所を通ってきただろうか？

暗い森の中を進む車内で、真野さんは様々な不安に襲われた。しかし、決して言葉には出さなかった。言葉に出してしまえば、さっきまでの怪異を認めてしまったことになる気がして怖かったのだという。

それは隣で真っ青な顔で運転している友人も同じだったのか、おしゃべりな彼もまったく口を開くことなく、必死の形相で前だけを見つめていた。

やがて夜空がわずかに白み始めたころ、車は長かった山道を抜け、舗装が行き届いた道路へと出た。

大きく息をついた友人が、朝日が良く見える高台に車を止めて真野さんに言った。

「お前、あの時すぐに帰ろうって言ったけど、何を見たんだ？」

真野さんは体育館で起きたことをありのままに話した。

そして、青い顔をして手術室から出てきた友人に問うた。

「お前こそ、一体何を見たんだよ」

「女だよ」

「女？」

「分娩台の写真を撮っていたら、女がファインダー越しに映ったんだ。真っ赤な血を流して泣いている女が。そいつがこっちを見て……」

ぶるりと身を震わせた友人がカメラを取り出した。

「なぁ、このカメラどうしたらいいと思う？」

捨ててしまおうと真野さんは言いたかったが、見るからに高級そうなカメラである。

言葉に困っていると、友人は大きく息を吐いて言った。

「やっぱ、ヤバイかな」

「さっき言ってた女の人、写真にデータは残ってるの？」

「わかんない。見返す勇気がなくって」

そうだよな、と頷いた真野さんはとにかくデータだけでも消しておくようにと友人に勧めた。友人も頷いて、怖々とカメラを操作して車の奥にしまい込んだ。

東京に戻って数日後、友人は苦い顔で「やっぱりあのカメラは処分したよ」と真野さんに告げた。一体何が写っていたのか聞きたかったが、友人は頑なにそれについて語ろうとしなかった。

彼らが訪れた廃村は、二〇一一年に起きた東日本大震災によって建物の倒壊などが相次ぎ、鉱毒汚染物質が川に流れ込むなどして立ち入り禁止となった。

そして数年の時を経て現在は、その一部が観光施設へと改修されている。

「どんなに楽しい施設でも、きっと足を運ぶことはないでしょうね」

真野さんは、弱々しい笑みを浮かべてそう言った。

首無し地蔵

熊本県の山深い地域に、鍾乳洞の中に神社が建っている場所がある。

東京で仕事をしている西浦さんは熊本県玉名市の出身で、子供のころから両親に連れられてその神社へ頻繁にお参りをしていた。山道は険しかったが、鍾乳洞は外よりも少し涼しく、洞内やそこから見える遠くの景観も楽しめた。

西浦さんは大人になった今も習慣で、帰省するたびにその神社を訪れるのだという。

神社は山奥にひっそりと建っていて、参道も細くクネクネと曲がりくねっていた。

本堂に向かう道を進んで向かって左手には海が、右手には急峻な斜面が見える。通うだけでも一苦労な場所であるが、その斜面側の景色が一際変わっているらしい。

西浦さんいわく、斜面には何百体ものお地蔵様が安置されているのだ。

そして驚くべきことに、置かれているお地蔵様たちは一体ごとにすべて造りが違い、様々な姿形をしていた。

江戸時代の頃に、数十年かけて作られたものなのだそうだ。

参道に屋根などはなく、お地蔵様は雨ざらしになっている。

そのせいか表面はコケむしていたりヒビが入っていたりするが、半円形に曲がった参道を無数のお地蔵様が囲む光景はなんとも異様なものであった。

一説には、この地域一帯の地鎮のために安置されたお地蔵様たちであるという。


しかしこの石像たちに近年、奇妙な現象が起きていた。

参道の斜面を埋め尽くしたお地蔵様の首がひとつ、またひとつと無くなっていくのである。お地蔵様の破損した首の部分はいずこかへと消え去り、今ではかなりの数のお地蔵様の首が失われてしまっていた。

もちろん長い時を経て風雨にさらされ、老朽化したのではないかという説もある。

しかし、それならばなぜひとつひとつ姿形の違うお地蔵様たちの首だけが壊れていくのだろうか。

首を失ったお地蔵様が増えていくのには、何か別の理由があるのではないか。

そもそも数百年前、どうしてこの場所にこれだけの数のお地蔵様を安置せねばならなかったのか――。

話をしてくれた西浦さんが、大きく息を吐いて言った。

「子供の頃はあんなに首無し地蔵はなかったと思うんですよ。それがいつの間にかどんどん増えていって。このまま全部のお地蔵様の首がなくなってしまったら、何か良くないことが起きるんじゃないかと不安なんです」

西浦さんの話では、今も首を失ったお地蔵様は増え続けているのだという。

黒いバイク

相模さんは熊本県の天草市に住んでいる。

天草は本土と橋で繋がっている離島の自治体の中で最も人口が多く、海と山に囲まれた自然豊かな場所だ。

ある日、相模さんが奥さんと子供を連れて海岸の市場へと続く山道を車で走っていると、後ろから一台のバイクがやってきた。

バイクは執拗に車間距離を詰めてきて、相模さんの車のギリギリ後ろを走行している。

最近噂のあおり運転かと警戒した相模さんが車を左に寄せながら速度を落とすと、それに合わせてバイクも速度を落とす。

バイクは執拗に後ろをくっついてくるが、挑発するような行為は一切ない。

こちらの速度に合わせて、後ろをピッタリと走るだけである。

バックミラーには黒いライダースーツに黒いヘルメットの男が映っている。首元だけは青白いマフラーのようなものを巻いており、それだけが奇妙に浮き上がっているように見えた。

道路を進んだ先にトンネルが見えてきた時、相模さんはその入り口で車を脇に寄せ停車することにした。

さすがに真後ろをバイクにピッタリとくっつきそうな距離で走られたまま暗いトンネルを走るのは危険だと思ったのだ。

するとバイクは停車することなく、トンネルの中へと走り去っていった。

いったいどんな奴が運転していたのだろう。

通り過ぎるバイクに視線を向けて、相模さんは目を疑った。

バイクを運転していた男の真後ろに、肌の白い子供がおぶさっていたのである。男性がつけているように見えた白いマフラーは、子供の腕だったのだ。

なんて危ない乗せ方だろう。相模さんは助手席に座る奥さんに問いかけた。

「今のやつ、見たか？」

奥さんは眠そうな目で首を傾げた。

「今のって？」

「ずっと後ろを走ってたバイクだよ。子供を背負うように乗せてたやつ」

「後ろ？　バイクなんていなかったじゃない」

何度確認しても、奥さんはバイクなど見ていないと言う。

しかし、後部座席に座っていた相模さんの子供が無邪気な声で言った。

「さっきのバイクすごいねぇ。後ろにちっちゃい子が二人も乗ってたよ」

「えっ、二人？」

「うん！　お父さんにくっついている子と、その後ろに座ってる子がいた！」

相模さんが見た子供は一人だけだったはずだ。

しかし、相模さんの子供はバイクに乗っていた子は二人いたという。

不吉なものを感じた相模さんはトンネルを通るのをやめ、Uターンして回り道をして市場へ向かった。

それきり、そのトンネルは使っていない。

トンネル事故のニュースを聞くたびに、あのバイクを思い出すそうだ。

事故ったジャケット

「やっぱりさ、本物は違うんだよ」

机から身を乗り出すようにして、笠原君が言う。

「デニムとかでもあるだろ、ダメージ加工みたいなわざとボロボロに作るやつ。ああいうのとは全然違う。ぱっと見て惹かれちゃうんだよね」

笠原君はかつて『実際にそれを着て事故に遭ったジャケット』を見つけて一目惚れしたことがあるという。

なんでも、馴染みの古着屋さんを訪れたときに見つけたらしい。

「そこの店長が俺と同じバイク好きでさ。そのジャケットを着ていたときにバイクで事故ったわけ」

店に飾られていたジャケットは、主に転倒した右側部分がひどく破損していた。

店長は自分自身のヘマへの自戒も含め、自虐とジョークのつもりで店に置いていたそうだが、偶然見かけた笠原君はたちまちそれが欲しくなってしまった。

「もうね、インナーには赤の長袖か、いやいやボーダーかって、それとも下は半袖にしてダメージ部分は肌を露出するか、とかさ。見ただけでジャケットを着てる自分を想像しちゃってるわけ」

だけど、店長は置いていただけのものを譲ってくれたのかと私が尋ねると、笠原君は今度は本当に身を乗り出して答えた。

「そうなんだよ。それで、なんとか店長を口説き落としてその場で値段を決めてもらって、現金で即刻お買い上げしちゃった」

ほとんどまばたきもせずに早口で語る笠原君は、どこか不気味であった。

念願のジャケットを手に入れた笠原君であったが、彼自身もそのジャケットを着てバイクに乗っていた時に転倒事故を起こしてしまう。

「信号がやたら遠くに見えたんだ」

思い出すように、今度は何度もまばたきをしながら笠原君が言う。

「だからバイクのアクセルはかけっぱなしでね。そしたら急に人が飛び出してきてさ。

まぁ、なんとかぶつからずに済んだんだけど、俺の信号無視だったみたいで。今でもそんな実感はぜんぜんないけどね」

笠原君は歩道に出てきた人を避けて転倒した。

そして、右半身に何か所も擦り傷を負った。件のジャケットも、再び新しい傷が増えることになったのだという。

「それがまたイイんだよ。やっぱり作り物とは違う、本物だってね。でも、さすがに友達も嫁ももうそれを着て走るのはやめとけって反対してさ。だけどなぁ、どうしても捨てる気にはなれなかった」

ちょうど事故の罰金やバイクの修理費などで結構なお金が入用だった笠原君は、驚いたことに少しでも懐事情をなんとかしようとそのジャケットをネットのオークションで販売したのだという。

「わかる人にはわかるだろうって思ってさ。ちょっと強気に値段を設定してね。そしたら、その倍ぐらいの額で売れちゃって」

身振り手振りをつけて説明していた笠原君が、ぼそっと呟いた。

「惜しいことしたかもなぁ」

笠原君はどうやら、未だにそのジャケットに未練があるようだった。

そういうものはお祓いしてもらうか、処分した方がいいんじゃないかな、という私の提案も彼の耳には届いていない様子であった。

一連の話をしてくれた彼の熱っぽい瞳は、まるで何かに魅入られたような危うさを感じさせた。単に私の考えすぎだろうか。

今はただ、笠原君からそのジャケットを買った人物が、車やバイクを運転をしない人であることを願うばかりである。

飛び降りた影

柳田さんが大学生の頃、学校で飛び降り自殺があった。

その日柳田さんは第一校舎の三階で試験を受けていた。

答案用紙に記入ミスをして机のわきに置いた消しゴムを取ろうと視線をあげたとき、視界の端を大きな影が上から下へ横切っていった。

そしてその影を追うようにして、地面から曇り空に打ち上げ花火をあげたような轟音が響き渡った。


――飛び降りだ。

教室は生徒の悲鳴で一時騒然となったが、教授が厳しい声で騒ぐ生徒たちを制して試験を続けるように促した。

皆、そんな出来事のあとに試験に集中できるはずがなくチラチラと窓へ視線を向けるものの、単位のかかった大切な試験を無視することもできず席に戻る。

窓の向こう側からは誰かの悲鳴や野次馬の声がする。

やがて複数のサイレンの音が近づいて、車の止まる音やドアを慌ただしく開け閉めする音に続いて警察と思しき人たちが生徒を現場から遠ざける声が聞こえた。


テストが終わると答案用紙を提出した柳田さんはすぐに窓を開け、身を乗り出して階下の景色を覗き込んだ。

地面には拭った赤い血痕らしき物は見えたが、ブルーシートが広げられており、飛び降りた人の姿は確認できなかったそうだ。

第一校舎の出口はすでに警察による規制線が張られ、現場に近づくことができなかった。

ただ、辺りには鼻にまとわりつく、錆びた鉄棒を何度も擦りまくったようなにおいが充満していた。

その日は臨時休校となり、翌日大学にやってきた柳田さんが目にしたものは、いつもと変わらぬ第一校舎であった。

飛び降りた生徒が遺したと思われる遺書が見つかったらしいとか、男子生徒が飛び降りて死亡したらしいという噂だけが大学全体にまことしやかに流れていた。

「あんな事があった後なのに、次の日には見た目だけはすっかりいつもの学校に戻っていてさ。なんだかすごい違和感があったな」


異変があったのはそれから数日後だった。

その日も柳田さんは第一校舎で講義を受けていた。

すると、不意に視界の片隅で黒い影が上から落下していったのだ。慌てて窓の外を見ても何もおらず、なんの音も聞こえてこない。

「考えすぎかもしれないけど、その影が試験の日に見た影にそっくりでさ」

第一校舎で影だけが落下する奇妙な現象は、柳田さんが卒業するまで続いた。

それから数年後、柳田さんが就職した広告代理店に、同じ大学を卒業した後輩が入社してきた。昼休み、柳田さんは後輩にさりげなく第一校舎のことを聞いてみた。

「第一校舎ですか？　別に何もないですよ」

首を傾げた後輩が、ふと思い出したように言った。

「そういえば、あそこ屋上に鳥の巣でもあるんですかね。たまに窓の上の方から影が横切っていくんですよね」

彼の影は、今も飛び降り続けているのだろうか――。

身震いした柳田さんは、後輩には何も知らせないでおくことに決めたという。

影蝋

——陽炎の奥から現れたんだ。

——だから影蝋って呼んでいる。影でできた、蝋人形みたいな奴だったから。


遠藤さんがそれを見たのは、電車の窓越しのことだ。

出かけていた折に使ったＪＲの路線。

車内は空調が効いて涼しく快適だったが、遠藤さんの乗る各駅停車の電車はある駅で特急電車の待ち合わせのため五分ほど停車することになった。

左側のドアが開く。

開いた扉から夏の熱気が舞い込んできて、車内の空調と交じり合う。

反対側のドアのところに立っていた遠藤さんは、その気怠いぬるさを避けるように右側のドアに肩を預け、車窓から見える景色をぼんやり見つめていた。

どこからか、子供たちのはしゃぐ声が聞こえる。

ああ、夏休みの時季なのだ。

雲ひとつない、天気の良い日だった。

窓の向こうでは、真夏の陽射しにジリジリ熱された黒いアスファルトが朦々と陽炎を揺らめかせている。

照りつける日光に目を細めたとき、その陽炎がぬるりと動いた。

正確には陽炎の歪みから現れた、黒い何かが蠢いた。

人が跪《ひざまず》き頭を垂れているような姿勢だったそれはゆっくり起き上がると、足を引きずるように歩きだした。

向かった先は、煤けて窓も割れた廃ビル。

以前、火事に見舞われてそのまま焼け残った残骸の建物だ。

人の形をした影はズルズルとそのビルに入り、非常階段から屋上に上っていく。

一体ではない。

次々と陽炎から湧き出した影たちが、その後に続いた。

三階建ての小さなビルだ。影はすぐに非常階段を上りきり、屋上へ歩を進める。
そして、屋上から真っ逆さまに地面に落ちて、消えた。
ほかの影たちも後に続くように、屋上から次々と落ちては消えていく。

何度となく、陽炎から人の形をした影が湧き出す。
それが一様にズルズルと歩き、屋上へ上る。
屋上に着くと頭から地面に落ち、吸い込まれるように消える。

ビルの火災で犠牲者が出たのか、遠藤さんは知らない。
しかしその影……影蝋は延々と上っては身を投げる行為を繰り返した。
やがて特急電車が走り去り、遠藤さんが乗った電車もゆっくりと動き出す。
地面に落ちていく影たちも、どんどん小さなものになっていった。

それきり、遠藤さんはその路線を使うときは決して件のビルを見ないようにしている。
なぜ彼らに『影蝋』などと名付けたのか尋ねると、遠藤さんは俯いて言った。

「怖くて『人の形をした何か』のままにしておけなかった。蝋と名付ければあれは人じゃない、そういうものだって割り切れるかなって。そう思ったんだ。だけど、相変わらず陽炎は苦手だよ」

遠藤さんは、蝉の声に消えてしまいそうなほど小さな声で呟いた。

夜間警備

廣岡さんは当時、夜間警備の仕事についていた。

担当しているビルには新館と旧館があり、その綺麗さは雲泥の差であった。

閉店しビルの従業員もいなくなると、廣岡さんの仕事が本格的に始まる。まずは旧館から回り、新館の廊下に入る。

誰もいないことを確認して、一階ずつ順番に電気を消して回った。

夜の闇を招き入れるような消灯作業も、廣岡さんの仕事の一つである。

新館の消灯作業を終え、一階に戻る。

ふと旧館を見上げると、三階の廊下の電気がついている。

——あそこの電気は確かに消したはずだけど。

廣岡さんは首をひねりながら、後輩に無線で連絡を取った。

「もしまだ旧館にいるなら、三階の廊下の電気を消してくれないか」

無線機にそう告げると、後輩の『わかりました』という返事が返ってきた。

その後、三階の窓から手を振っている影が見えた。

「そこの電気を消してくれ」

『了解です』

後輩の返事に紛れて、背後から大勢の人間の話し声が聞こえる。

ボソボソと、小さな声で何かを囁き合うような声だ。

「お前、誰かと一緒にいるのか？」

尋ねるが、後輩の返事がない。

「おい、どうした？　おい」

何度か連絡を試みていると、やがて無線機に複数人の叫び声が溢れてきた。

慌てて無線機を耳から離した廣岡さんは、これは何かおかしいと判断して防犯カメラを見るために新館にある警備室に戻った。

すると、そこにはさっき旧館にいると言った後輩がのんびりと椅子に腰かけていた。

「お前、さっきまで旧館にいたか？」

「いえ、自分はずっとここにいました」

不審に思った廣岡さんが後輩の無線機を探してみるが、どこにも見当たらない。

「お前、無線どこにやった？」

廣岡さんに指摘され、後輩はようやく自分が無線機をどこかに落としたことに気が付いた。そして無線機は案の定、異変があった旧館の三階の廊下に落ちていた。

その無線機は、マイクの部分がバラバラになっていたそうだ。

のちに廣岡さんが霊感の強い知り合いに聞いてみたところ『幽霊が電波に干渉したり、電子機器にイタズラをするということは良く聞く。けれども、物理的に物を壊すというのは聞いたことがない』と言われたそうである。

警備していたビルの旧館は、かつて墓地であった場所に建設したものらしいということを、廣岡さんはその事件からしばらく経った後に聞いた。

あの時旧館の窓から手を振っていたのが誰なのかは、考えないことにしているという。

雨の日の階下

「幽霊も雨宿りするんですかねぇ」

そう前置きして佐々木さんが話してくれたのは、彼が住むアパートの話である。

佐々木さんが言うには、彼の住んでいる部屋の真下の部屋が雨の日になると決まって騒がしくなるのだという。

「どったんばったん物が動く音がしたり、聞き取れないんですけどなにか歌声のようなものが聞こえてきたりするんですよね」

晴れた日や曇りの日は、下の部屋はいつも静かである。

それなのに、決まって雨が降っている日だけは騒がしくなるのだ。

「雨の日は仕事が休みになる人なのかな、とも思ったんですが」

あるとき、佐々木さんの住む地域に避難警報が出るほどの大雨が降った。

するとすると真下の部屋は叩きつける雨の音に大はしゃぎするように、いつにも増して大騒ぎを始めたのである。

「これはいくらなんでもおかしいなって。そもそも迷惑でもありましたし、面倒くさいけど大家さんに相談しました」

すると、驚きの答えが返ってきた。

大家さんが言うには、佐々木さんが住んでいる部屋の下の階はずっと空き部屋なのだという。ただ、大家さんの顔色は冴えなかった。

何か事情があるな、と思った佐々木さんはさらに大家さんに詰め寄った。

最近では民泊といって旅行者に部屋を貸す場所もあるし、あの部屋ももしかしたらそういう類のものなのかと思ったらしい。

大家さんがそわそわした様子で「佐々木さんの話も気になるから」と件の部屋を見に行くと言うので、佐々木さんも強引にそれについていくことにした。

住人がいれば、文句のひとつも言ってやろうと思っていたそうだ。

大家さんが部屋にカギを差し込み扉を開ける。

中から埃っぽい、いかにも閉め切っていた部屋のにおいがした。

部屋の中はがらんどうで、家具のひとつも置いていない。

大家さんの言う通り人が住んでいる気配はまったく感じられなかった。しかし、それではあの騒音はなんなのか。

「あ、いけない」

そう言って、大家さんが部屋の柱に歩み寄った。そこには、すっかり茶ばんで薄汚れたお札が貼ってあった。佐々木さんの部屋には、こんなものは貼っていなかった。

「この部屋、何かあるんですか？」

大家さんは「ちょっと、ねぇ」と言葉を濁したが、佐々木さんは根気強く問いただした。

やがて、口の堅かった大家さんも観念したのかポツリポツリと話をしてくれた。

大家さんいわく、この部屋で騒音がするという苦情は前の住人からも、その前の住人からも寄せられていたらしい。

しかしどちらのときも部屋は空き部屋で、大家さんにはまったく事情がわからなかった。

苦情を入れてきた人は、皆一様に聞き取れないけれど、変な歌が聞こえたという。

不気味に思った大家さんが北向きの柱にお札を貼り、部屋の四隅に盛り塩を行った。すると、それっきりしばらくの間は雨の日の騒音は止んだ。ただ、お札は少しずつ汚れていき、盛り塩も傾いて崩れたりすることがあった。

「お札、新しいものにするから。ごめんねぇ」

申し訳なさそうに頭を下げる大家さんに、佐々木さんはすっかり返す言葉を失ってしまっていた。


結局、今も佐々木さんは雨の日に下の部屋が騒がしくなるアパートに住んでいる。

「お札を変えて少しの間は確かに静かでしたけどね。そのうちいつも通りの騒がしさに戻ってましたよ」

私は佐々木さんに、それは霊が通る道――いわゆる霊道なのではないかと聞いてみると、彼は首を傾げて言った。

「違うと思いますね。だって、霊道なら霊がそこを通っていくだけでしょ？　あれじゃあまるで霊の宴会場ですよ。案外、近所の幽霊の間じゃ雨の日はあの部屋に集合するのが習わしなのかもしれませんね」

どうしても、なんと歌ってるのかだけは聞き取れないんですよ。

佐々木さんは笑ってそう言った。

年賀状

倉持さんは毎年、正月になると実家に帰省する。

といっても実家は電車で数駅の距離なので軽く出掛けるという感覚だが、長い時は二泊三日ほど実家で過ごすらしい。家族や親族との年始の挨拶を正月の午前中に終え、午後からは友達と会うのが毎年恒例になっているそうだ。

倉持さんの友人の戸塚さんは大学を卒業した後故郷から遠く離れた場所に就職しており、こうした機会がないとなかなか会えない。

連れだって馴染みの店に入って乾杯し、近況を話しあうのが習慣になっていた。

その年の正月も、倉持さんと戸塚さんはいつもの居酒屋でテーブルを囲んでいた。

「そういえばさ。福田からの年賀状、まだ来てるのか？」

互いの近況を語り終えたあと、倉持さんは前々から気になっていたことに水を向けた。福田というのは倉持さんと戸塚さんの同級生で、特に戸塚さんとは親しかった。ただ、大学四年生のときに不慮の事故で亡くなってしまったのだという。

「ああ、今年も実家のポストに届いていたよ。いつまで続くんだろうな」

戸塚さんがため息交じりに呟いた。

福田と親交のあった戸塚さんは、生前福田と年賀状のやり取りを行っていた。事故で福田が亡くなり、当然そういった交流は途絶えるはずである。しかし、戸塚さんの実家には毎年彼からの年賀状が届けられるのだ。

倉持さんと戸塚さんは当初はかなり不気味に思ったが、年賀状には確かに福田の住所が記されていた。

きっと福田のご両親が一人息子の死を受け止めきれずに、せめてもの慰みに我が子の生前の習慣を引き継いだのであろうと考えていた。

「今年も届いたのか。なんて書いてあった？」

「いつもと一緒だよ、お決まりの年始の挨拶と一言が添えてあるくらい。確か、今年は久しぶりに遊びに行こうとか、そんな内容だったたな」

思い出すように顎先に手を当てて話す戸塚さんの言葉を聞いて、倉持さんは嫌な予感がしたという。

「その年賀状、もう返事は書いたのか？」

「いや、まだだけど」

「もう返事は出さなくていいんじゃないかな」

「なんだよ急に。突然だな」

「いやだって、福田が亡くなってもうずいぶん経つしさ」

「まあなぁ、どうしたもんか」

息を吐いてビールを飲み干した戸塚さんに、倉持さんはさらに念を押した。

「やっぱりやめておこう。福田のご両親だって、いつまでも引きずっていても良くないし」

「わかった。今年は返事は控えておくよ」

戸塚さんが頷いたことで、倉持さんは内心ほっと胸をなで下ろした。

遠く離れた場所で働いている戸塚さんは知らないだろうが、福田のご両親は去年亡くなっているのだ。

誰が戸塚さんに年賀状を出し続けているのかは、今もわからない。

誰もいない

佐瀬君はある飲み会の帰り、泥酔した友人と霊園に寄ったのだという。

飲み会帰りに霊園というのも妙な話だがその霊園は飲み会場所のすぐそばにあり、そこに佐瀬君の祖父が眠っているからである。

祖父は佐瀬君の父親が幼い時に亡くなっているので佐瀬君はまるで面識がないが、雑誌で運気が悪いときは先祖の墓参りに行くと良いという記事を見ていたので、なんとなくそんな気分になったのだ。

すぐ済むからと面倒くさがる友人を連れ墓に向かう。

その霊園は随所に街灯も設置され夜中でも明るかったものの、やはり夜の霊園は少々気味が悪い。友人もしきりにブツブツと何か言っていた。

しかしどうも、彼の言葉をよく聞いてみると文句を漏らしているわけではないらしい。

「じいさん、老夫婦、女の子、おっさん――」

友人の呟きはおよそこんな感じで、それは佐瀬君の祖父の墓前に着くまで続いた。

祖父のお墓の前に行くと、佐瀬君は墓前に手を合わせた。

家族に良いことがありますように、なんてガラでもないことを祈ったのだという。

すると友人が佐瀬君の祖父の墓前に立ち「ここには誰もいないよ」と言った。

「いや、ここがうちのじいちゃんの墓だから」

「でも、ここには誰もいない」

無表情で訳の分からないことを言う友人に佐瀬君は少々苛立ちを覚えたが、飲み会のあとに墓参りなどに付き合わせてしまい機嫌を損ねてしまったのかもしれない。

そう思いなおし、手早く墓に一礼して帰路についた。

帰りの道中も友人は「若い子、老人、お兄さん――」などと呟いていたそうだ。


それから数年後、祖母が亡くなり佐瀬君は久しぶりにあの霊園へやってきた。

お坊さんの読経が終わり、係の人が墓にある大きな石の板をどかすと中が空洞になっており、骨壺がひとつ置かれていた。その隣に祖母の骨壺を安置する。

佐瀬君は、ふと会ったことのない祖父を一目でも見たいと思った。心の底では、あの日友人から言われた「ここには誰もいない」という言葉も引っかかっていた。

「僕は祖父に会ったことがありません。せめて遺骨に挨拶だけでもできないでしょうか？」

係の人は佐瀬君の両親の顔を伺い、父が頷くと祖父の骨壺を少し前に出し蓋を開いた。

そこには、暗闇が広がっていた。

骨壺一面に敷き詰められたそれは、よく見ると真っ黒な土であった。

佐瀬君だけでなく、彼のご両親も大層驚いた。

お坊さんが言うには、どうしても遺骨が見つからない人は、その人に所縁のある物や住んでいた土地の土を骨壺に詰めることもあるそうだ。あまりにも軽い骨壺を悲しんで、代わりにそうしたことを行うのだという。

『ここには誰もいない』

佐瀬君の脳裏にあの日の友人の言葉がよみがえり、背筋に冷たいものが走った。

後日、佐瀬君が友人に数年前のことをメールで問い合わせたところ、その日のことは酔っぱらっていて全く記憶に残っていないとそっけない返信が送られてきたらしい。

鏡の家

元コスプレイヤーだった千代さんの話。

ある日千代さんは、池袋のコスプレイベントで不思議な女の子と仲良くなった。

その子は衣装のクオリティが高く、扮するキャラクターのポージングも再現度が高く素晴らしかった。

そして何より、顔もズバ抜けて可愛いかったのだそうだ。

「それなのに、何故かいつも一人でいて写真も撮られていなかったんですよね」

千代さんは、その子が千代さんの大好きなキャラクターのコスプレをしていたこともあり、思い切って話しかけたのであった。アニメ好きで意気投合したこともあり、二人はすぐに仲良しになった。

その女の子は、沙織と名乗った。

沙織さんは明るい、今どきの若い女の子だったが、なぜか携帯電話もスマートフォンも持っていなかった。

千代さんと沙織さんはそれからも様々なイベントで顔を合わせてはアフター（アフターとは、イベントのあとに食事などに行くことを指すのだという）をして、そのたびにスマートフォンを持ってない沙織さんに次はどのイベントに出るかを聞いて、会う日を決めているのであった。

「今思えば不思議な関係でしたね、そういうのが何回か続いたんですけど」

千代さんと沙織さんが最初に出会ってから数回目のアフターを、いつものようにファミリーレストランで行っていた時、珍しく沙織さんが千代さんを家に誘った。

「千代ちゃん、明日うちに遊びに来ない？」

「沙織ちゃんの家に？　いいの？」

「うん、一緒にメイクやろうよ」

メイクが上手くなりたかった千代さんは、自分より数段メイク技術が上の沙織さんの誘いを喜んで快諾した。

早速意気投合した二人は、具体的な計画を立て始めた。

千代さんが沙織さん家の最寄り駅を聞き、その場で電車の時間を調べて待ち合わせ時間を決める。

翌日、駅で待ち合わせをして合流した二人はそのまま沙織さんの家に向かった。

「でもなんというか、そこが変な家でした。外見は普通の家なんですけど」

沙織さんに案内され家の中に入る。すると沙織さんの家は窓という窓に銀色のよく磨かれたシートのようなものが貼られていたのだという。

「合わせ鏡なんてものじゃありません、窓が全部、家の中を反射してるんです」

そして家に入るとすぐ玄関の前にも大きな姿見。

閉めた玄関のドアにも鏡が貼り付けてある。

リビングからキッチンまであちこちに鏡があって、それがあらゆる角度から家の中を映し出すように設置されていた。

「コスプレは常に色んな角度から自分の姿を意識するのがコツなんだよ！」

沙織さんはぎょっとしている千代さんに、屈託のない笑みでそう言った。

「まさか、気持ち悪いから今すぐ帰ります。とは言えなくて」

内心すぐにでも帰りたかった千代さんだが、沙織さんに手を引かれるままに家の中へとあがっていったのだそうだ。

彼女の言葉に愛想笑いを浮かべていると、キッチンの奥から沙織さんのお母さんがやってきてリビングの中へ二人を誘った。

沙織さんのお母さんは沙織さんにそっくりで、背丈も同じくらいで髪型も一緒、メイクの仕方もおんなじで「パッと見で見間違えそうな感じ」というほど瓜二つだった。

テーブルで三人でケーキを食べることになった。

千代さんが奥に座り、テーブルの手前側に沙織さんとお母さんが座る形だ。

沙織さんとお母さんのケーキが、向かい合うように置かれた。

「普通は三角形のショートケーキなら、同じ向きにそろえるものじゃないのかな？　親子で利き手が違うのかなって考えたんですけど」

首を傾げていると、千代さんの横、空いている席にも鏡とケーキが置かれた。

それもまた、千代さんのケーキと向かい合うような形でである。

なぜだろう、と考えて家の中に視線をめぐらせた千代さんは、あることに気が付いた。

「その家、あらゆる家具が左右対称になるように置かれてたんです」

手を合わせ「いただきます」という仕草も、親子でぴったりと揃っていた。そして、ニコニコとケーキを食べる二人。その動作まで、完全に同調していたのである。

沙織さんがケーキを食べるために口を開けるときには、お母さんもケーキを口に運んでいる。沙織さんがお茶に手を伸ばすと、お母さんもカップに手を伸ばす。そんな動きが自然と行われているのだ。

千代さんは平静を装ってケーキを食べるのに大層苦労した。

「でもおうちルールなんて家庭ごとに違うじゃないですか。だから、多少おかしいだけですぐに帰るのは失礼だなって思って」

ケーキを食べ終えると、千代さんは沙織さんの部屋に案内された。

沙織さんの部屋はおしゃれな女の子の部屋で、可愛らしい沙織さんの雰囲気に良くあっていた。ただ、この部屋にも同じようにそこらじゅうに鏡が置かれていた。

二人で並んで座って、一緒にメイクをしてコスプレのウィッグや衣装をつけて、一緒に何枚か写真を撮影していく。

約束したときはあれほど心躍ったメイクであったのに、千代さんは手が震えてしまわないようにするのに必死だったという。

「それに、長くあそこにいると感覚が狂っていくんです」

千代さんが言うには、あまりにもそこらじゅうに鏡が置かれた部屋の中にいると、どの自分が本当の自分なのかわからなくなってくるのだそうだ。

確かに鏡の迷路などで方向の感覚を失う人の話は聞いたことがある。

結局千代さんは鏡で埋め尽くされた部屋に二時間ほど滞在した。そして頃合いを見計らってスマートフォンを取り出して時間を確認するふりをした。

「あっ、もうこんな時間だ。そろそろ帰るね」

自分でもぎこちないな、と思った仕草であったが沙織さんは気にした様子はなかった。

千代さんが帰り支度をしている間に沙織さんは化粧台の引き出しを開け、中から折り畳みの鏡を取り出した。

そして、おもむろに千代さんにそれを差し出した。

「お土産にこれどうぞって言われたんですけど」

沙織さんいわく「メイクをする時に良い鏡を使わないともったいないよ、これ使ってね」とのことである。

沙織さんの体温が移ったのか、妙に生ぬるいその鏡をカバンのできるだけ隅っこに入れた千代さんが立ちあがった。

「次はいつ来る?」

「沙織、駅まで送っていってあげなさい」

そんな母娘の言葉を愛想笑いで押しのけて、千代さんは沙織さんの家を後にした。

心の中では、彼女とは金輪際縁を切ろうと誓いながら帰路を歩く。

沙織さんとお母さんは、何かに取り憑かれたようにまったく同じ笑顔を浮かべ、いつまでも千代さんに手を振っていた。

「背中にぐさぐさと刺さるくらい、視線を感じるんですよ」

千代さんは気持ち悪くなってしまい、途中でタクシーをつかまえると駅まで行ってもらうことにした。

そして最寄り駅でタクシーを降りた千代さんは、沙織さんに貰ったカバンの中の鏡を取り出すと、近所の川に投げ捨てたのであった。

千代さんなりの決別の気持ちだったという。

沙織さんの家に行くまでの楽しかった思い出に少しだけセンチメンタルな気分になりな

がら、千代さんはそのまま家路についた。

しかし次の日、家のポストに濡れた鏡が入っていたのである。

かなりの高さから川底に落としたのに傷ひとつない鏡に、千代さんは全身が震えるのを止めることができなかった。

何より、千代さんは沙織さんに自分の住所を教えていないのである。

それに沙織さんやお母さんは明らかに変な人だな、という意識があったので警戒して後ろを気にしながら帰ってきていたのだ。

それなのに、なぜ——。

千代さんはあまりにも気持ちが悪かったので、近所の神社を訪れると事情を話してポストに入れられていた鏡を預かってもらった。

私は千代さんに、それ以降何かありましたか、と尋ねた。すると——。

「今のところ、何もないですね！」

コンパクトの鏡を覗き込み前髪を直しながら、彼女は元気よくそう言って笑った。

竹林の道

三井さんが体験した、数年前の夏の話である。

その日、三井さんは昼過ぎに買い物を終え家路についていた。

照りつける太陽の暑さに、せっかく買ったアイスが溶けてしまうと彼女は歩を速めた。

三井さんの家に行くにはちょっとした近道がある。

舗装された道を避け、街外れの竹林を横切っていくのだ。

昼間でも薄暗く人気のないことから、三井さんは祖母にその道は決して使ってはいけないと小さな頃からきつく言われていた。

しかし、この陽射しである。

日光を遮ってくれる上に近道になるならこれ幸いと、三井さんは竹林への道を進んだ。

竹林の前に立つ。

わずかばかりの躊躇を振り切るように一歩、踏み入れた。

竹林が作る木陰は涼しく、風が冷たいほどであった。


と、その瞬間、周囲の音が止まった。

あれほど煩く鳴いていた蝉たちの声も、往来を行き交う車の音も、はしゃぎまわっていた子供たちの声も、ピタリとやんだのだ。

突如、街全体が聞き耳を立てているような静寂に包まれる。

三井さんは戸惑った。一体何が起きたのだろうか。竹林の出口がやたら遠くに見えた。

――引き返そう。

そう思ったが背中に吹き付ける風の冷たさに、後ろを振り返ることすら恐ろしい。

とにかく、早くこの場を抜けてしまうことだ。

竹林の先の出口、そこに煌《きら》めく陽光を見つめて三井さんは歩きだした。突然訪れた寂々たる空間の中を、そろりそろりと進んでいく。

冷たい風が何度となく背中を撫でる。

なぜ、風が吹いているのに葉が擦れ合う音さえしないのだろう。

疑問に思ったが足を止めることはしなかった。何故か竹林の様子を見てみようとも思えなかった。ただただ、この道を抜けることだけを考えていた。

ようやく出口に差し掛かったとき、氷のように冷たい風が三井さんを包んだ。

その抱擁から逃れようと、転げるようにして陽射しのもとに踏み出した。


その瞬間、世界に音が戻った。

蝉が鳴き車の走る音が過ぎ去り、子供たちの声が夏空を泳ぐ。

この竹林はなんなのだろう。

不気味さと好奇心の狭間で、けれど振り返ることなく三井さんは家に帰った。

アイスはすっかり溶けていたが、もう気にはならなかった。

竹林を通るなと警告してくれた三井さんの祖母は数年前に亡くなっている。

仏間に向かい線香をあげて、祖母の遺影に手を合わせた。

差し込む陽射しで、祖母の顔はひどく歪んで見えたという。

拾った猫

佐伯さんの祖父はなんでも拾ってくる人であった。

祖父の部屋にある座椅子もちゃぶ台も置物も、すべて祖父が拾い集めてきたものだ。

そんな祖父がある日、一匹の猫を拾ってきた。

しかし、その猫には首輪が付けられていた。明らかに飼い猫である。

家族は祖父に猫を戻してくるように抗議したが、祖父は聞き入れなかった。

「わしが抱いたら素直についてきた。わしの猫だ」

そう言って日々猫を可愛がり、いつの間にか首輪も新しいものに付け替えていた。

当の拾われてきた猫であるが、何故か大人しく祖父に飼われている。

猫が祖父の部屋で伸び伸びと日向ぼっこをして寝ている様を見ると、段々佐伯さんや家族も厳しく抗議をし難くなってきた。

佐伯さんの父親などは「もとの飼い主がよっぽどひどい人だったのかもなぁ」などと言って猫の名前まで考え始めるほどであった。

数日経ったある夜、佐伯さんは猫の鳴き声で目を覚ました。

夜は祖父の布団で一緒に寝ているはずの猫だが、妙ににゃあにゃあにゃあと繰り返し鳴く。

何かあったのだろうか。佐伯さんは隣の祖父の部屋に向け耳を澄ませた。

すると、猫の鳴き声とともに低く沈んだ声が聞こえてきた。

「返せ、返せ、返せ、返せ、返せ……」

声は延々と同じ言葉を繰り返している。

猫がにゃあ、と鳴くたびに「返せ」という声が重なって聞こえてくる状況は異常で、佐伯さんは起き上がり部屋を出ると、慌てて祖父の部屋の戸を開けた。

猫が寝ている祖父の身体の上に座り込み、その顔を覗き込むようにして鳴いている。

佐伯さんが「おじいちゃん！」と声をかけると猫はすっと祖父の上から降り、体を丸めて眠ってしまった。

すると先ほどまで聞こえていた声もぴたりとやんだ。

祖父は静かに寝息を立てている。
その枕元には、拾ってきた猫が元々付けていた首輪が置かれていた。
翌朝、昨夜の変事を祖父に伝えたが相変わらず祖父は猫を離そうとしなかった。

だがその日を境に祖父は少しずつ体調を崩していった。
毎晩のように続く鳴き声と「返せ」という言葉。
数日後、祖父は自力で立つこともできなくなり入院することとなった。
佐伯さんは鬼のいぬ間にと猫の首輪を元のものに付け替え、表に出してやった。
すると猫は一度こちらを振り返り短く鳴いたあと、何処かへと去っていった。

それからしばらく後、すっかり猫を飼う習慣のできた佐伯さん一家は譲渡会で子猫を貰い、新しい家族に迎え入れた。
奔放に家中歩く子猫だが、仏間となった元祖父の部屋にだけは寄り付かないらしい。

向かいのマンション

今泉さんには変わった習慣があった。

今泉さんの部屋の向かい側、少し離れた場所にマンションが建っている。そのマンションのベランダが、今泉さんの部屋から一望できるのだ。

そしてその習慣というものが、通り雨の日に向かいのマンションのベランダで干されている洗濯物が濡れていくのをぼんやりと眺めている、というものであった。

「じっと見ているとね、案外面白いんですよ。さっさと片付けられていくのもあれば留守にしているのか、雨曝しになっているものもある。濡れていって、洗濯物の色が変わっていく様子が興味深くって目が離せませんね」

そんな変わった趣味を熱心に続けていた今泉さんはある日、ふとしたことに気が付いた。

「洗濯物が雨曝しになっちゃう部屋っていうのは、毎回変わるんですよ。そりゃあそうですよね、干している人が出かけているかなんて毎回違うだろうし。でも、一か所だけいっつも洗濯物が出しっぱなしの家があるんですよ」

仕事前に干して出て、夜まで仕事なのであろうか。そうも思ったが、その洗濯物はふと今泉さんが目を離している隙にいつの間にか回収されているのだ。留守でもないのに出しっぱなしにしているのか、たまたまそのとき帰ってきているのか。

しかし、そういったことが何度も続いて、今泉さんは問題の部屋がとても気になったそうだ。

そしてある日、また雨が降りマンションのベランダから洗濯物が消えていく中、あのベランダには相も変わらず真っ白なタオルが干しっぱなしであった。

Fさんは（今回こそ見逃さないぞ）とじっとベランダを見つめ、洗濯物が回収される瞬間を見ようと腰を据えた。すると、雨が降り出してからかなり時間が過ぎたころに、白いブラウスを着た女性がベランダに出てきた。

距離が離れているので年齢までは定かではないが、黒い髪を腰辺りまで伸ばした、姿勢のよい女性であったという。

女性は洗濯物を手早く回収すると、一瞬こちらを見て破顔した。

今泉さんは部屋の窓からこっそり観察していたのだ。気付かれるはずがない。

しかし、気のせいではなくハッキリと目が合った。

少なくとも、今泉さんはそう感じた。


その部屋を意識し始めてから気付いたことだが、部屋には一切明かりがつかないのだ。

夜になって他の部屋が蛍光灯の明かりを窓やカーテンの隙間からこぼす中、あの部屋だけはいつも真っ暗な暗闇に包まれていた。

しかし、洗濯物を回収した女はあの部屋にいるはずだ。

どういうことだろう。

気になった今泉さんはある時決心して、そのマンションを訪ねてみたそうだ。

今泉さんの執念もなかなかのものである。

「気になった部屋は角部屋でしたから、部屋の番号はわかりますし結構簡単でした」

だが、今泉さんはその部屋の番号が書かれた郵便受けを見て愕然とした。

郵便受けは『空き室』というカードで受け口がふさがれており、管理と書かれた南京錠で固く施錠されていたのだ。

それでも信じられなかった今泉さんは、インターネットで不動産会社にアクセスし、問題のマンションの賃貸情報を検索した。すると、やはりあの角部屋は空き部屋で入居者募集中となっていた。

それならば、あの洗濯物を回収している女性はなんなのか——。

それからというもの、見まいと思っても、自室にいる時はあの部屋を目で追ってしまうようになった。そしてある雨の日、再び洗濯物が雨曝しになった角部屋から女性が出てくるところを目撃してしまった。

女性は、今回も間違いなく今泉さんを見てニタリと笑っていた。

今泉さんは震えあがり、慌てて自室の電気を消して布団にもぐりこんだそうである。

そんな出来事があってから、今泉さんは雨が降ると必ず自分の部屋の雨戸を閉めっぱなしにしている。

燃えている部屋

こちらも家の向かいのマンションを見た人の話である。

システムエンジニアをしている市村さんが残業から帰ったときのことだ。

時刻は夜の十二時、朝は眩しいほどに陽射しが差し込んでいた部屋もすっかり夜の闇に包まれていた。

「カーテンを閉めようと思って、何気なく部屋の前に建つマンションを見たんですけど」

マンションはまだかなりの数の部屋に明かりがついていた。

皆遅くまで大変なのかな、なんて気持ちで見上げると上方の部屋にひとつ、一際鮮やかなオレンジ色の光が揺れている部屋がある。

目を凝らしてみると、それは燃え盛る炎であった。

——火事だ！

市村さんはとっさにスマートフォンを手にしたが、妙なことに気が付いた。燃えている部屋の両隣も上の部屋も、まだ明かりがついていた。しかし、住人に慌てた様子はないのである。

普通隣の部屋が火事なら、様子を見るか逃げ出すかするものではないだろうか。

「誰も気付いていないのかとも思いましたが、すごい燃え方だったから不思議でしたね」

疑問に感じた市村さんはスマートフォンのカメラ機能を使い、燃えていると思しき部屋をぐっとズームで拡大してみた。

昨今コンセプト居酒屋などで見かける、一目では松明のように見える照明器具などを使っているのかもしれないと思ったのだ。

「だけどやっぱり燃えているんですよ。だって、炎から黒い煙があがっているんですよ」

部屋から見える炎からは朦々と黒煙が立ち上り、窓にぶつかっていた。

そしてこれもまた奇妙なことであるが、どんなに激しい炎になめられてもマンションの窓ガラスは傷ひとつ付かないのである。

「火事の現場の映像とかだと、窓から火や煙が噴き出すじゃないですか」

それなのに、窓はピタリと閉められたままなのだ。

火事ならば、一刻も早く通報するべきである。

しかし、あれが照明やスモークだとしたらとんだ迷惑通報になってしまう。

マンションとスマートフォンを交互に見比べて固まったまま、市村さんはたっぷり三十分ほどは考え込んでいたという。

そして結局、火事の通報は取りやめた。

燃えている炎が、あの部屋より外に出ることがなかったからである。

「だってあれだけ時間が経っていたら、普通よそまで延焼するはずでしょう」


翌日の夜も、その次の夜もあの部屋だけが燃え続けていた。

気になった市村さんはある日の朝、ゴミ出しで偶然一緒になった近所のおばさんに事情を話した。彼女は長くこの地域に住んでいる人なので、何か知っているのではないかと思ったのだ。

するとおばさんは顔をしかめて言った。

「あの部屋ね、昔燃えたことがあるのよ」

不幸中の幸い、火はほかの部屋に燃え広がる前に鎮火されたそうだが、その部屋に住んでいた男性は炎に巻かれ焼死してしまった。

それから、あの部屋はずっと借り手がつかない状態になっている。

人が死んだ部屋なのだから仕方がないとも思ったが、原因は他にもあった。

「これはあくまで噂だけどね」

と前置きしたおばさんが言うには、あの部屋はどんなに内装をリフォームしてもたちまち焦げ臭くなってしまい、とても賃貸できる状況ではない。

どうしても焦げたにおいが消えることはなく、空き部屋のまま放置されているのだ。

「あれだけ燃えていたら、焦げ臭くもなりますよね」

今でも時々、あの部屋は燃えているそうだ。

そんなときは、そっと手を合わせてからカーテンを閉めることにしているのだという。

クレヨンの少女

「虐待死があった家らしいんだ」

重々しい口調で言う野口さんは、かつて脱法ドラッグの愛用者であった。

そのドラッグはいわゆる幻覚剤で、ドラッグを飲んでは様々な幻覚を見ることを楽しんでいたのだという。

最初は家でドラッグをやって楽しんでいた野口さんだが、次第に家の中に飽きて薬をキメてはフラフラと外を出歩くようになった。

外で見る幻覚は格別なものだった。

「仏像の頭が公園で揺れていたりね、不思議に悟った気持ちになったもんさ」

そんな散歩の時にある家の前で見かけたのが、クレヨンで描かれた少女の絵であった。

様々な幻覚を見ていた野口さんにとってそれは別段珍しいものではなかったが、そのクレヨンの少女の絵はほかの幻覚と違い、一度見てしまったら最後、どこまでも彼の視界の中についてきた。

家にいようが外にいようが、クレヨンの少女はお構いなしに現れる。

しかも、野口さんが幻覚を見るたびにその少女は段々と近づいてきているのである。

いつも心地よくトリップしている野口さんでもさすがに恐怖を感じ、シラフの時に少女の絵を最初に見た家のことを調べてみたそうだ。

すると、現在は空き家になっているが、かつて幼い少女が両親の虐待にあって死亡した事件があった場所だということが判明した。

野口さんは少女の成仏を願い、家の前で手を合わせ花とお菓子を供えた。

しかし何度ドラッグを使っても、どうしても野口さんの見る幻覚の中心にはあの少女がいた。そしてやはり、少しずつ野口さんに近づいてくるのである。

とうとう観念した野口さんは、脱法ドラッグそのものを卒業することにした。

ところが一度幻覚を見ることを覚えた脳は、ふとしたことで野口さんの視界に幻覚を見せた。野口さんいわく『脳が勝手に幻覚にピントを合わせてしまう状態』だという。例えば深酒して酩酊状態になっているときや、ひどく眠くてまどろんでいる時などに意図せず幻覚を見てしまうのだ。

そしてそんな時に見る幻覚の中にも、あのクレヨンの少女は必ずいた。

「俺は虐待とは何も関係ない、もう許してくれって何度も祈ってるんだけどね」

今も野口さんは、時々クレヨンで描かれた少女の幻覚を見るのだという。

「ちょっとずつ近づいてきていて、今ではもう目の前にいるよ」

話の最後に弱々しくうつむいて、野口さんが小さな声で言った。

廃墟のカップル

ラブホテルやカラオケボックスは、訳ありの土地に建つことが多いという。

というのも家やマンションと違い、たとえそこで何か霊障が起きたとしても短い時間我慢して貰うか、部屋を変えれば済むので経営者側としても都合が良いのだそうだ。


恵美さんは前々から心霊スポットに行ってみたかった。

その話を友人の幸田さんにすると、彼もノリ気ですぐに探検に行くことに決まった。

そして地元でも『出る』と有名な、廃墟となったラブホテルに行こうという話になる。

明日が探検の日という前日、二人はビデオ通話で翌日の打ち合わせをしていた。

幸田さんがかつて営業していたころのラブホテルのホームページを共有すると、恵美さんのつけていたイヤホンにサイレンのような音が混じり始めた。

「そっちで何か鳴ってない？」

「何も鳴ってないよ。脅かすなって」

おどける幸田さんの声の向こう側で、どんどん音が耳元に迫ってくる。

「段々近づいてきてるんだけど」

「俺は別に何も聞こえないけど。気のせいだろ」

「そんなんじゃないって。一回通話切るね！」

突然鳴り出した異常な音を不気味に感じた恵美さんは通話を切り、残りの打ち合わせはメールで済ませることにした。

翌日、恵美さんと幸田さんは車で目的のラブホテルの廃墟に向かった。

幸田さんはハンディカメラも用意して、やる気満々である。

現地に到着してみると、同じく廃墟探検に来たカップルと遭遇した。

心霊に興味はあるものの実は怖くなっていた恵美さんは、カップルにも一緒にホテルを探検しないかと持ち掛け、彼らも快く了承してくれた。

幸田さんは恵美さんと二人で探検したかったようで不服そうであったものの、こうして四人でのラブホテル探検ツアーが始まった。

まだ綺麗な部屋、荒らされた部屋、ボロボロになっていかにも出そうな部屋などを周り、幸田さんはその映像をカメラでしっかり動画にも収めていった。

二時間ほどかけてラブホテルの隅々まで探検したが、これといった怪奇現象や幽霊との邂逅もなく、四人はその場で解散し帰路についた。

何もなかったのは残念だったが、恵美さんは密かにビデオ映像に期待していた。

というのも、恵美さんがよく見る心霊番組などでは、撮影者たちは気付かなくても実はカメラには映っていた、というパターンが数多くあるからだ。

後日、探検に参加していない友人も交えて、三人でビデオの上映会を開いた。しかし、映像には廃墟となったホテルの風景が流れていくばかりで、心霊現象は記録されてなかった。

「なんにも映ってなかったね」

伸びをしながら、友人が残念そうにそう言った。しかし、恵美さんと幸田さんはゾッとしたまま映像を見て固まってしまったという。

確かに、ビデオには何も映っていなかったのだ。

あの日一緒に行動していたはずのカップルさえも。

帰ってきた祖父

石田さんは生みの親は健在だが、ワケあって幾人かの育ての親の元を転々としている。

これはその中で、生まれてから十歳になるまでお世話になった家庭での話だ。

石田さんが五歳のときに、その家のおじいちゃんが亡くなった。

石田さんが朝起こしに行った時には、もう動かなくなっていた。眠るようにという言葉がピッタリで、夜に眠ったまま目覚めることなくこの世を去ったのだという。

家族は突然のことに驚き、おじいちゃんの不意の死を悼みながらも葬儀の手配など諸々の対応を進めていった。

それをまだ幼い石田さんは、邪魔にならぬよう廊下でじっと眺めていた。

だが、その廊下で家族の往来を眺めていた石田さんの手を握る人物がいた。

他ならぬ、亡くなったはずのおじいちゃんである、
石田さんは体温も感じなければ触感も心許ないおじいちゃんの手を揺すって聞いた。

「おじいちゃん、死んじゃったの？」

「そうみたいだなぁ。まぁ、仕方がない。あとはうまくやってくれるだろう」

そう言いながら、おじいちゃんはしばらく自分の身体を見納めだというように眺めていた。そして軽く石田さんの髪を撫でて、静かな声で言った。

「来年には一度帰ってくるから」

そう言うと、おじいちゃんは手を放し突き当たりの廊下の角を曲がっていった。

石田さんがおじいちゃんを追って廊下の角を曲がると、そこにはもうおじいちゃんの姿はなくなっていた。


翌年の命日。

日が傾いたころ、六歳になった石田さんは保育園の送迎バスを降りた。

夜には昨年亡くなったおじいちゃんの一周忌がある予定だ。

家に入ろうとしたとき、石田さんはふと呼ばれた気がして振り返る。

しかし誰も居ない。確かに名前を呼ばれたのに――。

声の主が現れないものかと、石田さんはしばしその場に佇んでいた。

そこへ、道路の向こうより一匹の白蛇がこちらへやってきた。蛇は石田さんの足元までやってくると、何をするでもなく彼の傍で大人しくしていた。

――ああ、おじいちゃんが帰ってきたのかな。

そう思った石田さんは、白蛇にここにいるように言うと家の中に入り、家族に蛇のことを伝えた。するとお父さんが無言で頷き、石田さんとともに表に出た。

「ああ、じいさん、帰ってきたが」

おじいちゃんは、お父さんにも帰ると言い残していたのだろうか。

石田さんがそう考えていると、お父さんは塵取りを蛇に差し出して言った。

「じいさんならこれさ乗れ」

白蛇はお父さんに言われるままに塵取りにするりと乗ったので、家族はおじいちゃんが命日だから帰ってきたのだと喜んだ。

大人しい白蛇を交えての供養と、それに続いて一家そろっての食事が行われる。

「じいさん、そろそろ行くか」

夜も遅くなり石田さんが眠くなってきたころ、お父さんが腰をあげた。

「ほれじいさん、山さ帰すがらこれに入ってくれ」

お父さんがガラス瓶の入れ物を出すと、白蛇は言われるがままにその中に入る。

その晩お父さんはおじいちゃんを送ってくると言い、家の裏山へ行った。

石田さんは今でもテレビや図鑑で蛇を見ると、この不思議な出来事とおじいちゃんのことを思い出す。

男子寮の鏡

増山さんが高校生の頃の話。

増山さんの高校は全寮制でとても厳しい学校だった。

その高校の寮はもともとは男子寮が二つ、女子寮が一つの計三つの寮で構成されていた。

増山さんが高校三年生だった夏の暮れ、学校では古くなった女子寮を潰して寮を二つに纏める計画が持ち上がった。

元々生活していた第二寮は女子が使うようになったため、増山さんは第一寮へ移動することになった。

第一寮で同室になった後輩と挨拶を済ませ、荷物も整理し無事引っ越しは完了。

同室の後輩とも仲良く和気あいあいと過ごしその日は終了した。

引っ越しから三日後、増山さんは不意にトイレに行きたくなって夜中に起きだした。身動ぎの気配が伝わったのか、後輩が「どうかしましたか？」と尋ねてくる。増山さんがトイレに行く旨を告げると、後輩は「そうですか、気を付けてくださいね」と告げて再び布団の中に戻った。

——気を付けてくださいとは、どういう意味だろう？

後輩の言葉に首をひねりながらも、増山さんは廊下に出た。

門限も消灯時間もとっくに過ぎていた真夜中の寮の廊下は、非常灯以外は消灯された真っ暗な空間であった。まだ慣れない廊下を、わずかな月明かりを頼りに歩く。後輩の言葉は、暗いから注意しろという意味だったのかと納得し歩を進めた。

蒸すように熱い真夏の夜、寮の窓はところどころ開け放たれていた。そこから生ぬるい風とともに夜そのものが吹き込んでくるようで、闇の中一人放り出された気持ちになった増山さんは自然と早足になる。

微かに照らし出される影を追いかけるように突き当たりを曲がり、共同トイレに着いた。電気をつけると古くなった蛍光灯がカチカチと明滅して点灯する。

夏場特有のぬるい空気が広いトイレをそよそよと泳ぐ。

増山さんは急いで用を足し、手を洗うため洗面所に向かった。

手を洗い終えて洗面所の鏡を見ると、後ろに窓が映っている。

その窓の奥に、黒いものが映った。

虫でも入ってきたのかと鏡を覗き込むと、黒く汚れた人の手が窓枠にかけられていた。

——え、そんな馬鹿な。

増山さんが使っているトイレは三階にある。とても人が登ってこられるような高さではない。壁も打ちっ放しで、泥棒が侵入できるような凹凸もなかったはずだ。

黒い手に続いて、焼けてボロボロになった服と焦げた腕が映る。ぬるりと蛇のようにくねらせて窓枠を滑り込んでくる腕の動きに、増山さんは不穏なものを感じた。

一気に全身の体温が下がるのを感じながら、増山さんは慌てて蛇口を閉める。

急いでトイレから出ようとした視界の片隅に、鏡の中を這うように進む黒い影が映った。

それは増山さんのすぐ後ろ、二メートルほどの距離にまで近づいていた。

——まずい、絶対によくないものだ。

怯えながら見た黒い影。

それは焼け焦げて襤褸《ぼろ》になった服を纏った、同じく焼けただれた肌を赤黒くグズグズに沸騰させた腹這いの男の姿であった。

増山さんはスリッパを蹴飛ばすように駆けながらトイレを出て、部屋まで戻る。あまりにも慌てていたため部屋の戸を閉じる時に大きな音を立ててしまい、眠っていた後輩を起こしてしまった。

「どうかしたんですか、先輩？」

寝ぼけ眼をこすりながら問う後輩に、増山さんは早口で先ほどの出来事を話した。

「ああ、先輩もアレを見たんですね」

驚いた様子もなく、後輩が小さな声で呟いた。

後輩が言うには、この寮に住む生徒は一度はその男の霊を見たことがあるということであった。

増山さんの恐怖が落ち着くのを待って、後輩が尋ねる。

「先輩、トイレの電気は消してきましたか？」

言われて、増山さんはあの時電気を消し忘れていたことに気が付いた。

きちんと電気を消しておかなければ、規則に厳しい寮管理担当の先生にきつく叱られる。

増山さんは後輩に頼み込んで一緒についてきてもらい、再びあのトイレへと戻った。

トイレは増山さんが慌てて飛び出したせいかスリッパも散らばっておりひどい有り様だった。

後輩に整頓を手伝ってもらい入り口を綺麗にしたが、蛇口も確認しなくてはいけない。

増山さんはまだ怖かったので、後輩に鏡を確認してみてほしいと頼んだ。

すると後輩は不思議そうな表情を浮かべて言った。

「先輩、このトイレに鏡なんてないですよ」

そんなことがあるかと、増山さんは恐々とトイレに入り洗面所を確認する。

そこにはかつて鏡が貼り付けてあったであろう長方形の跡と、四隅の錆びたボルトの跡だけが残っていた。

そんな馬鹿な、呟いて鏡の跡をなぞってみても、すすけた埃が増山さんの指にまとわりつくだけであった。

とっておきの話

怪談を募集している時、ＳＮＳ伝いにそれを聞いた知人女性から連絡があった。

『私、とっておきの話があるよ。今日中にまとめて明日送るから、待っていて』

しかし、一週間が過ぎても彼女から連絡はなかった。

すっぽかされてしまったかなとも思ったが妙な胸騒ぎもした。

ＳＮＳで彼女のアカウントをたどると、話をくれると言った日から更新がない。

不吉なものを感じた私は共通の知人に事情を話し、彼女が元気かどうか確認してほしいと頼んだが、やはり彼女とは連絡がつかないらしい。そして彼女は職場とも連絡がとれず、無断欠勤が続いているという。


それから、私は誰かに怪談を伺うときには「無理はしないでくださいね」と前置くようになった。

タバコの火

会社員の飯田さんは社内で数少ない喫煙者だ。

最近の健康志向やタバコへの強い風当たりもあり、喫煙所も限られている。

それが、今飯田さんが仕事をしているビルの裏手、日の差し込まない寂しい場所にあるプレハブ小屋である。


昼休み、食事を終えた飯田さんが喫煙所に入ると先客がいた。

髪の長い、どこか暗い印象の女性だった。

飯田さんは早速タバコとライターを取り出すと数度ライターをこすった。

しかし火は一向につかない。

オイルの残量はまだある。

ならば金具の部分が壊れてしまったのだろうか。

どうしたものかと迷った挙句、飯田さんは仕方なく先に来ていた女性に火を借りることにした。

「すいません、ライターが壊れてしまったみたいで、火を貸して貰えませんか？」

そういうと女性はどこか呆けた目で飯田さんを見ると、苦笑してみせた。

「私のライターもこのタバコをつけた後壊れたんですよ。だからこれでいいなら」

そう言って手にしていたタバコを軽く上下に動かした。

初対面の女性とシガレットキスをするという行為に一瞬逡巡したものの、飯田さんは「それじゃあ、失礼して」と言ってやや緊張気味に女性の隣に行くと、彼女が口にしたタバコの先端に自分のタバコを押し付けた。

すぅっと大きく息を吸う。

女性のタバコの火から、飯田さんのタバコに赤い光が伝っていく。

唇に、タバコのフィルター越しの熱が伝わってくる。

ところが煙を吸い込んだ瞬間、飯田さんは物凄い眩暈に襲われた。

口の中に入ってきた煙はいつも自分が吸う煙よりもずっと冷たく重く、体中を一瞬で圧し潰すようであった。

それでいて、肺を焼かれるような熱がある。

飯田さんは全身の血の気が引くのを感じた。

吸い込んだ煙のあまりの衝撃に頭をぐらりと動かしてよろめき、壁に背を預ける。

「なんか、ヤバイの吸ってます？」

わずかに残った力で隣に居た女性に問うてみたが、すでに女性の姿はない。


——建物を出る音も、足音もしなかったはずだけど。


呼吸が浅くなる。

手にしたタバコをどうしたものかと思い試しにもう一度吸ってみると、やはりどうしようもないほど重い倦怠感が全身を駆け巡る。

吐き出した煙も、心なしか黒ずんで見えた。


——これはとても吸えないな。

飯田さんは勿体ないと思いながらも仕方なく吸いかけのタバコを灰皿に押し込む。

しかし体調は一向に戻らず、早退した飯田さんはそれから三日三晩寝込むことになった。

会社に復帰してから聞いた話では、あのプレハブ小屋はかつて火事になった社屋の跡地に建てられたものらしい。

飯田さんが出会った女性がその被害にあった人なのかどうかは定かではない。

もしもあのタバコを最後まで吸っていたら――そう考えると飯田さんは今でも体が震えるという。

神隠し

小野寺さんには小学一年生の頃、家族ぐるみで仲の良かったご近所さんがいた。

「そこのご両親が共働きで、よくうちでお子さんを預かっていたんです」

その家にはなおちゃんという、小野寺さんより二つ下の女の子がいた。

なおちゃんはよく小野寺さんの家に遊びに来ていた。小野寺さんと、小学五年生と小学六年生になる二人の兄は、しょっちゅうなおちゃんのお世話をしていたのだという。

「夏休みだったかな、土日かな。とにかく夏の日の休日で、兄たちは朝から友達と遊びに行っていたんです。それで私となおちゃんだけが私の家に残ってお留守番をしてたんです」

なおちゃんはとあるアニメの森の妖精が大好きで、お母さんに妖精さんのぬいぐるみを作ってもらっていた。それをいつも大事に抱えているのだ。

「なおちゃんが退屈しないように、その日もビデオでなおちゃんの好きな森の妖精のお話を流していたんですよ。そうしたら急になおちゃんが元気になっちゃって」

おもむろに立ち上がったなおちゃんは小野寺さんに「ねえ、ほんとの森の妖精って見たことある？」と聞いてくる。

ううん、見たことないよと小野寺さんが首を振ると、なおちゃんは「じゃあ、本物の森の妖精さんを見せてあげる！」と言い出した。

「いつも森の妖精の映像を見せておけば物静かで大人しいなおちゃんが、あんなに元気よく言ってきたのでびっくりしましたね」

なおちゃんの豹変ぶりに驚きつつも、小野寺さんは「うん、見せて」となおちゃんの言葉に頷いてみせた。するとなおちゃんは俄然張り切って「行こう！」と小野寺さんの手を握り外へと駆け出した。

「私たちの家から歩いて三十分くらいの場所に、お不動様があるんです。なおちゃんはそっちのほうに向かってドンドン歩いて行くんですよね」

普段は小野寺さんのことを「お姉ちゃん」と呼んでベッタリと後ろをついてくるなおちゃんが、何も言わずにぐんぐん小野寺さんの腕を掴んで進んでいく。

その日は真夏の陽射しがじりじりと照りつける猛暑日で、途中小野寺さんは何度も休もうと提案したが、なおちゃんはまったく聞き入れない。小野寺さんの腕を引いたまま早足で進むと、とうとうお不動様の前まで到着した。

「お不動様のところに行くには階段を上るんですけど、デコボコなうえに幅も一定じゃない階段なので、危ないから子供だけで登らないようにって言われていたんです」

しかし、普段から従順で約束事を破ることなどなかったなおちゃんが、今日に限ってはその注意も無視して階段をずんずん進んでいく。

結局、二人は家を出てから一度も休憩を挟まないままお不動様のところまでたどり着いてしまった。

「なおちゃんの様子がなんだかいつもと違うなぁって思ったので、帰ろうって言ったんです。だけど森の妖精に会うまで帰らないって言われちゃって」

小野寺さんのお願いを無視したなおちゃんは、お不動様の奥の森へ向かう。

舗装もされていない山道を、なおちゃんはわけもなくスルスルと歩いていった。

「当時の私はもう、暑いし疲れたしそのうえなおちゃんは変だし、何度も立ち止まろうとしたんですけどね。なおちゃんに引っ張られっぱなしでしたから」

二十分ほど森の中を歩いただろうか。

深い木々を分け入って森の中を進んでいくと、不意にうるさいほどに鳴り響いていたセミの声がピタリとやんだ。

鳥のさえずりも、風が木を揺らす音さえも聞こえない静かな場所に出た。

「風も吹いてないのに、辺りの空気がさっと冷たくなったんですよ」

なおちゃんが大喜びで「森の妖精さんのおうちについたよ、妖精さんが来るよ！」と景色を指さすので、小野寺さんは疲れて伏せていた視線を上げた。

「今思えば、ミステリーサークルみたいな場所でしたね。今まで歩いてきたのはまさに大自然って感じの森だったのに、急に視界が開けて。ぐるっと円状になんにもない空間があったんですよ」

なおちゃんに連れられて、不思議な空間に足を踏み入れる。

一本の草も生えてないし、小石も落ちてない。山中でよく見る木の根の盛り上がりもない平たい場所。そこだけ切り取ったように何もない空間の中心に、奇妙な縄張りのようなものがあった。

四角く周りを囲むように四本の竹が埋め込まれ、それをつなぐように縄で囲んである。

その中心に、奇妙な円柱の建物があった。

「木でできていたと思うんですけど、電信柱をもう少し短くしたようなものでした」

なおちゃんが「行こう！」と小野寺さんの腕を引っ張ったことにより、あっけにとられていた小野寺さんは我に返った。

明らかにおかしい空間に進もうとするなおちゃんを抑え、あそこには行かないと告げる。行こう、行かないと押し問答を繰り返すうちに、なおちゃんが無理やり小野寺さんを引っ張り始めた。

「お姉ちゃん、行くよ！　って言われて手を引かれたんですけど、とても四歳の子の力とは思えなくて。私、両足を思い切り地面に突っ張って拒んだんですよ。それなのにずるずると引きずられちゃって」

怖くなった小野寺さんは、たまらずなおちゃんを突き飛ばしてしまう。

ようやく腕が離れた小野寺さんは「そんなに行きたいなら、なおちゃんだけ行けばいいでしょ！」と言ってそのまま無我夢中で来た道を戻った。

家の前まで着くと帰ってきていたお兄さんたちと合流し、三人で家の中に入る。

小野寺さんはいつ、誰になおちゃんのことを聞かれるだろうかと不安でいっぱいだった。

しかし、おかしいほどに誰もなおちゃんのことを口にしない。

「いつもならお母さんが『今日は何して遊んだの？』とか聞いてくるはずなのに、ぜんぜん聞いてこないんですよ。それに夕飯の時間になっても、いつもお迎えに来るはずのなおちゃんのお父さんやお母さんも来なくって」

結局その日は、誰もなおちゃんの話題に触れることなく終わった。


これはおかしいと思った小野寺さんは、叱られるのを覚悟で六年生のお兄さんに昨日の出来事を包み隠さず打ち明けた。するとお兄さんは不思議そうな顔をして「なおちゃんなんて子は知らない。お前の新しい友達か？」と聞いてくる。

兄にからかわれているのかと思った小野寺さんはお母さんにも同じ話をしたが、お母さんもそんな子は知らないの一点張りであった。

「不安でじっとしてられなかったので、私一人でなおちゃんの家に行ってみたんですよ。そうしたら、おうちが丸ごと空き家になっちゃってて」

それっきり、小野寺さんの周囲にはなおちゃんとその家族の存在を知るものはいなくなってしまった。あんなに家族ぐるみで仲良くしていた小野寺さんの家族でさえ、その存在が記憶から抜け落ちてしまっていた。

「私、なおちゃんのことを保育園に迎えに行ったこともあるし、なおちゃんのお父さんの車で遊園地に行ったこともあるんです。それなのに、なおちゃんとなおちゃんのご家族はその存在ごと、皆の記憶からも消えちゃっていて」

なおちゃんがいなくなったあとの綺麗な空き家の庭には、彼女が大事に持っていた森の妖精のぬいぐるみが落ちていた。

それっきり、小野寺さんはなおちゃんの姿を見ていない。

二十一時十一分の音

「フリーランスは好きな時間に寝て好きな時間に仕事ができるって思われがちだけど、実際のとこは違うんだよね」

そう言うのは、フリーライターの春日部さんである。

「確かに仕事の打ち合わせもほとんどがメールだし、一度案件を受けちゃえばそれを片付けるまでは自分の自由時間みたいなものなんだけどさ。フリーをずっと続けていると、自分の生活が徐々に最適化されていくっていうのかな」

春日部さんが言うには、自分に最も適した時間配分というものができてくるらしい。

例えば夜は深夜二時に眠くなる。しっかり睡眠を取って、朝は十時前に起きる。十一時ごろから机に向かい、食事の時間は午前十時、午後三時、午後八時でお風呂は午後の九時——というように決まっているのだそうだ。

「一番効率的に仕事が進む生活リズムを、身体と相談して見つけていくんだ」

自然と、前述したようにお風呂に入る時間も決まってくる。

春日部さんの家のお風呂は二階にあり、通りに面した造りになっているのでそこを通る人の声や足音が良く聞こえた。すると、案外ここを通る人たちも同じような時間に通っていることに気が付いた。

「ハイヒールの音なんて特徴的だからわかりやすいよね。俺が身体を洗うのを終えて湯船に浸かっている頃に、だいたいいつも聞こえてくるんだ」

通りから聞こえてくる音も様々な通りであったが、春日部さんはその中で一つ気になる音に気がついた。

「ズリッ、ズリッ、っていつも足を引きずるように歩くんだ。アスファルトをこすっている音が凄いから、底の硬いブーツじゃないかな。力強い音だから、男だと思う」

その男性が足音とともに響かせるもう一つの音が奇妙なのだという。

スマートフォンで動画を再生しているのか、はたまたラジオを流しているのか。

とにかく、耳障りな電子音が浴室まで反響してくるのだ。

「誰かがしゃべっている声なのは間違いないと思うんだけど、ほんと嫌な音でさ。こっちは一日の疲れを癒すためにお風呂に入ってるっていうのに」

イヤフォンくらいつけろよと思いながらお風呂場の時計に目をやると、時刻は二十一時十一分を指している。このくらいの時間に帰る人なのか、とぼんやりと思いながら暖かい湯船に身を沈めた。

翌日も、春日部さんのバスタイムに耳障りな音は混じりこんでくる。

時計を見ると二十一時十一分。奇妙な偶然もあるものだと思っていた。

さらに次の日も、入浴中に通りに靴音と電子音がやってきた。

時刻を確認すると、二十一時十一分。

「いったいどれだけ規則正しく通りを歩いてるんだってちょっと呆れたけどね。でも興味も湧いてきてさ。何か記事になるネタなら儲けものだと思ったし」

それから毎日、春日部さんはお風呂に入る時は例の音が通りにやってくる時間をチェックするのが日課になる。

すると奇妙なことに、晴れの日も雨の日も、土曜日や日曜日、祝日も関係なく音がやってくる時刻は二十一時十一分だった。

「規則正しいにもほどがあると思って。そもそも最初は家に帰る人がラジオを聞いていると思ったんだけど、これは散歩を日課にしている人なのかなとも思ったね。だとしても、一分のズレもなくやってくるなんておかしいだろ」

これはネタになる、と確信した春日部さんはある日お風呂に入ると、時間を見計らって浴室の窓を開け放っておいた。

そして二十一時十分になると、そっと窓の影に隠れるようにして下の通りの様子を窺った。十一分になるまでの一分が、とても長く感じられた。

やがてデジタルの時計が二十一時十一分を示した時、とうとうあの音はやってきた。

ブーツのような固い靴で地面をこする音。

それとともに移動していく、聞き取れない耳障りな電子音。

窓を開けた春日部さんの家の浴室にゆっくりと音が近づいてくる。

目の前を、音が通過した。

しかし、どんなに目を凝らしても階下には誰もいない。

不快な音だけが、人が歩くほどの速さで移動しているのだ。

「それだけでも充分奇妙なんだけどさ、一個気付いたことがあったんだ」

ずるり、ずるりと音が進んでいく。すると、その先々の家で防犯用のセンサーが作動し、家の前を明るく照らすのだ。ライトの光の中には人影一つない。

センサーの明かりだけが、音の後を追うようについては消えてを繰り返す。

そして春日部さんの浴室の窓からは見えなくなるほど遠くまで去っていった。

「はた迷惑な現代人の問題行動とかなら俺が自分で記事にするところだけどさ。こういうのは専門外だなって」

今でも二十一時十一分になると、重たい足音と聞き取れない音が春日部さんの家の浴室を通り過ぎている。

躓く踏切

黒川さんが女子高生のころの話。

黒川さんは家から高校までは電車通学で、最寄り駅へは自転車で移動していた。

最寄り駅までの途中に、一本の踏切がある。

ある日、黒川さんが自宅で友達と遊んでいた日の帰り道、友人を駅に送り届けるため黒川さんと友人は自転車に二人乗りをして駅に向かっていた。

いつものように踏切を通ると、その真ん中で突然前のめりになって転んでしまう。

「別に線路に何か落ちていたとかそういうワケじゃなくて、ホントになんにもないところで転んじゃって」

いったいどうしたのかと二人で自転車を見てみるが、とくにタイヤがパンクしたなどのハプニングも見受けられない。

なんだか気持ち悪いね、と言い合いながら駅まで送り友人と別れた。

数日後、一緒に踏切でつまずいた友達から連絡が入る。

「彼女が言うには、夜中に金縛りみたいなものが多いから、ベッドの位置を変えようと動かしたんだって。そうしたら、ベッドの下に敷いていたカーペットに赤い足跡がついていて、すごく怖いんだけどどって」

興味を引かれた黒川さんは、見てみたいのですぐに遊びに行くから足跡はそのままにしておいてほしいと友人に頼んだ。急いで支度をして出かけた黒川さんが友人の部屋に案内されると、そこには確かに赤い足跡がくっきりと残っていた。

「小さめの足跡で……子供か女の人の足みたいな感じ」

結局その足跡は友人と二人で洗剤を使い、カーペットをこすって洗った。

汚れは完全に消えることはなかったが、洗った部分を乾かしてみると大分薄くなって、足跡とはわからないぐらいになったそうだ。

「なんだったんだろうねって言い合ったの。で、そのあとはせっかく来たんだからって普通にお菓子を食べたりおしゃべりして遊んで帰ったのね」

しかし、黒川さんは帰り道の自転車で、また同じ場所で転んでしまう。

踏切のバーが上がるのを待って自転車をこぎだした矢先のことであった。

前回とは違い今回は一人。辺りがすっかり暗くなっていることもあり、黒川さんは急に怖くなってしまい、急いで踏切から離れた。

自転車を飛ばし家路を急ぐ。

いつもよりも長く感じられた帰り道、無事に家の駐輪場に着くとやれやれとため息をこぼしながら自転車を降りる。自転車のスタンドを立てようと何気なく荷台の部分に手を伸ばすと、奇妙な違和感を覚えた。

「習慣化してる作業だから、荷台を目で見たわけじゃないけど、嫌な手触りがしたの。湿った髪に触れたような感触だった。怖くて確認なんてできなかったし」

悲鳴を上げた黒川さんは自転車を突き倒して家の中に逃げ込んだ。

家に入ると、黒川さんは今起きた出来事を家族に話した。

黒川さんの家族は怪異などの話を普通に信じている家庭だったので、黒川さんのおばあさんは話を聞くと塩を持ち出し、自転車に撒いてきたという。

家族に一通りのことを話し終え、また家族が理解を示してくれたことで黒川さんの恐怖も幾分か和らぎ、眠る時間になる頃には部屋でいつものようにくつろいでいた。

だが布団に入ったとき、黒川さんに異変が訪れる。

ウトウトしていたところで、突然金縛りに遭ったのだ。

少ししてそれがほどけ、眠ろうと思うとまた金縛り。

そんなことが夜中に何回も繰り返されたそうである。

「翌朝になって、まさかね……と思いつつ布団をあげてみたら、あったんだよね」

黒川さんが寝ていた布団の下に、うっすらと赤い足跡が二つついていた。

とりあえずの掃除をして塩を撒くと黒川さんは学校に行き、今朝の出来事を友人に話した。

友人は昨夜は普通に過ごせたようで「昨日はよく眠れたよ。そっか、黒川さんのほうについていっちゃったんだね」と顔を曇らせた。


昨日話した足跡がついてきてしまった、という話を黒川さんが家族にすると彼女のお父さんが猿を模した土鈴を手渡してくれた。お父さんいわく「魔除けだ」とのことであったが、残念ながら効果はなかった。

しかたなく黒川さんが部屋を出て客間で眠ってみたところ、黒川さんを追うように客間でも金縛りが起き寝苦しい一夜を過ごすことになる。

そして翌朝確認してみると、客間の畳には足跡が三つついていた。

事態を憂慮した黒川さんのおばあさんは、隣町の拝み屋さんを訪ねた。

「霊能者みたいな人、口寄せもするって言ってたっけな。盲目のおばあさん」

おばあさんが相談しに行った翌日、客間の足跡は消えていた。

そして黒川さんはおばあさんに「もう大丈夫だ」と短く告げられる。

「何が大丈夫なの？　って思ったけど、おばあちゃんが言うには拝み屋さんに良くないものを連れていって貰ったたって話だった」

拝み屋さんいわく、あの踏切ではたまにそういうことがあるらしい。できることなら、あまりあそこを通らない方がいい。とのことであった。

それから黒川さんは遠回りをして、高校卒業まで問題の踏切を避けて通ったという。

首を絞める女

その日は何かがおかしかった、と尚子さんは言った。

早朝に震度四ほどの地震があったし、朝食をとっている時も視線を感じた。

尚子さんの家は三世帯、祖母とご両親と尚子さんで住んでいた。だが誰のものでもない、奇妙な視線を感じたのだそうだ。

「なんか、いやな視線。敵意って言うのかな、ああいうのがむき出しな感じの視線がまとわりついていたの」

いやな感じは一日中ついて回ったが、日々の仕事をこなしていく内にあまり気にならなくなった。そしてその日は仕事の疲れもあり、とても心地よい眠りに落ちた。

「普段は寝つきが凄く悪いのに、布団に誘われるようにパタッと眠っちゃった」

気持ち良い眠りの中で、尚子さんは夢を見た。

天井も床も壁もぼんやりと輝くような、薄っすらと白い空間を歩く夢だ。

ふと、あてどなく歩いていると人影が見えた。

床に座り込んでいる、髪が長く線が細いシルエット。女性のようだ。

夢の中の尚子さんは、無意識のうちに女性に近づいていった。

「黒を基調にした、着物みたいな服を着ていた。上に赤とか白の羽織を重ねていたし……うん、やっぱり着物なのかな。それでね、床の明かりに照らし出されたその顔が、若い頃のお母さんにそっくりだったの」

尚子さんのお母さんは目鼻立ちの整った美人である。

その母親を若くしたような女性が、音もなく床に座り込んでいた。

その様はまるで人形のようであったという。

尚子さんが彼女に近づいていくと、女性もゆっくりと顔を上げる。

――ああ、やはりお母さんの若い頃にそっくりだ。

そう思った瞬間、女性は尚子さんに飛び掛かってきた。

尚子さんは突然床に組み敷かれ、首を絞められた。

「いきなり女の手が首に回ってきたの。夢の中なのにほんとに苦しくて」

どんなに尚子さんが抵抗しても、首を絞める女性の手を撥ね退けることができない。

女性は無表情のまま、ぐいぐいとその小さな手で尚子さんを絞め上げていく。

——苦しい、もう駄目だ。

呼吸を止められて気絶するようにして、尚子さんが目を覚ました。

そこは見慣れた部屋の天井で、外からは微かに雀の声も聞こえる。

自分にまたがっていた女の姿もない。そうか、夢を見ていたのだと尚子さんは思った。


と、ここまではよくある悪夢の話である。

しかし、夢だったのかと大きく息を吸おうとした尚子さんの視界が揺れた。

「悪夢から目覚めたと思ったら、どういうわけかまだ息が苦しいの。夢の続きを見てるんじゃないかと思ったけど、どう見てもここは自分の部屋だし身体の感覚だってさっきよりハッキリしていたし」

それでも、首にまとわりつく手のひらの感触が消えない。

自分の手で首の周囲を探るが、何もおかしなことはなかった。

それでもなお、尚子さんは夢の中と同様の息苦しさに見舞われた。

「とにかく首の辺りがどうなってるか見てみようと思って、遮光カーテンをパッと開けたの。そしたらその瞬間、すぅっと首の苦しさも消えちゃって」

深呼吸をして酸素を取り入れると、段々頭がすっきりしてきた。

尚子さんは部屋の鏡で首を見てみるが、絞められたような跡は見当たらなかった。


朝食の時、尚子さんは昨夜見た夢のことを切り出した。

「お母さんの若い頃そっくりの女性に首を絞められちゃって、って話したの。お父さんもお母さんも『ふぅん』って感じで、まあそんなリアクションはなかったんだけど、おばあちゃんだけは違って」

祖母は朝食が終わると、尚子さんを自分の部屋に呼んだ。

そして閉じていた仏壇の戸を開くと「やっぱり」と声を漏らした。

尚子さんがどうかしたのかと尋ねると、祖母は仏壇の奥を指さした。そこには普通の位牌よりも一回り小さい位牌が倒れていた。

「やけに小さくて変だったから、その位牌は？　っておばあちゃんに聞いたら『これは私が流産した、お前のお母さんの妹の位牌だ』って。私、おばあちゃんが流産したのなんか知らなかったからびっくりしちゃった」

　恐らく先日の地震で位牌が倒れたのだろう、と言って祖母が位牌を直す。

　そして仏壇を整え線香をあげると、静かに手を合わせた。尚子さんもそれに倣い、一度も出会うことなくお別れする運命にあった叔母に祈りを捧げた。

「生まれてくることができなかった叔母さんは可哀そうだと思うけど、どうして私の首を絞めたんだろうって今でも不思議。私のことが羨ましかったのかな。だけど、羨ましいからって殺そうとしたら、悪霊そのものよね。それに、お母さんの妹なら結構いい歳のはずなのに若い姿で出てきちゃう辺り、見栄っ張りなお母さんそっくり」

　それから尚子さんは毎日、小さな位牌に手を合わせている。

　首を絞める女性の夢を見たのはその日一回きりだという。

裾を引く手

兵頭さんが以前、内装業をしているお父さんの仕事を手伝った時のこと。

現場は都内某所のアパートの二階。依頼内容はアパートのリフォームの一環で、各部屋の壁紙の張り替えであった。

その日は残暑が厳しく、兵頭さんは部屋の窓を開けて作業をしていた。

「一部屋ずつ片付けていって、ようやく最後の部屋に取り掛かろうって時には日が傾き始めていました」

周囲は薄暗くなってきたが納期が今日のため、室内の明かりをつけて作業を続ける。

冷たい風が室内を泳ぐ。十八時を過ぎようというころには辺りはすっかり涼しくなったので、開け放っていた窓を閉めた。

兵頭さんがこれで最後という窓枠近くの壁紙の張り替え作業に取り掛かったとき、兵頭さんのお父さんが「そこ頼むぞ、俺は目途がついたから道具を片付けてくる」と言ってアパートの部屋を出ていった。

「あとは窓枠の上の部分だけってなって脚立に乗って作業してたんですけど」

バランスを取りながら仕事をしていると、閉めたはずの窓から季節外れの冷たい風が吹き込んできた。

あまりの冷気に兵頭さんが確認すると、いつの間にか窓が開かれている。

「おかしいな、とは思ったんです。でももう残りもわずかだったから、とにかく先に作業を終えてしまおうと思って」

窓枠の上の壁紙に視線を戻した瞬間、ぐいっ、と物凄い力で兵頭さんはズボンの裾を掴まれた。まるで彼を脚立から引きずり降ろそうとするかのような力で、右足の後ろの裾がぐいぐい引かれていく。

お父さんなら部屋を出ているし、そもそも高所で作業している人間にこんな危ないことはしないはずである。兵頭さんは手を止め、裾を引かれ続けるその方向を見た。

そこには、十歳くらいの女の子がいた。

全身血まみれの少女が、兵頭さんのズボンの裾を窓の向こうの道路へと引っ張っている。

ぐらりとバランスが崩れ、脚立が外へと傾いていく。

「そういう類の経験って初めてだったんで。もうすごい声で叫んじゃいましたよ」

兵頭さんの声を聞き、お父さんが部屋に飛び込んでくる。脚立が倒れかけ道路に投げ出されそうだった兵頭さんを、お父さんは急いで引き上げてくれた。

お父さんに事情を聞かれ、兵頭さんは起きたことをありのままに話した。ただ、その時にはすでに少女の姿はなかったという。


兵頭さんが後日調べたところによると、アパートのベランダ側の道路では当時小学三年生の女の子が交通事故で亡くなっていた。


「今この話をしたときにあの時の状況を思い出してきたんですが……その女の子、俺を見て笑ってたんです。あの笑顔を思い出すとほんとに怖くって」

兵頭さんは身震いして、右足をしきりにさすった。

あとがき

はじめまして、緒方あきらと申します。

この度は拙著をお手に取ってくださいまして、誠にありがとうございます。

このあとがきを書いている二〇二〇年は、世の中の様相が大きく変わった年であります。道行く人々は一様にマスクを着け、人と人の距離というものが作られ、三密という言葉が生まれ生活様式が一変しました。

人の記憶とは曖昧です。例えば、よく見知ったはずの同僚のマスクの下の顔はどのようなものだったでしょうか。知っていたはずの顔を容易に忘れさせてしまい、記憶の彼方へと葬り去ってしまいます。貴方の隣に座る同僚は、本当に貴方の知っている人ですか？

知り合いの顔でさえ、それほど胡乱《うろん》なものにしてしまうのが今という特殊な時代です。

飲食店ではカウンターに間仕切りを置き、隣の席の人の顔すら見えません。

仕切りの横でラーメンをすすっていたはずのくたびれたスーツの背はいつの間にか消え

失せ、次にやってきた新しい背中も仕切りの向こうで何かを食し去っていく。

その繰り返しは何かの儀式めいていて、不気味に感じられるのは私だけでしょうか。


さて、せっかく頂きましたスペース、ここで今回の取材のお話をしたいと思います。

かつて取材をし書籍を書かれた多くの作家様が、コックリさんについての怪談がよく集まると書いているのを拝見しました。ただ、私の取材ではあまりコックリさんの話に出会うことはありませんでした。私が数多く出会ったお話は金縛りにまつわる怪談でした。

目が覚めると身体が動かず、そこにジャリ……ジャリ……と足音が近づいてきて――。といったシンプルなものから、金縛りに遭っていると、ふと口から自分自身が抜け出ていってしまう。それを慌てて吸い込もうとしても身体は動かない。抜け出した身体はふわりと宙を舞いどこかへと去っていく……。というような幽体離脱めいたもの。

大仕掛けなものとしては、目が覚めたら金縛り状態で、自分ごと布団が天井すれすれまで持ち上がっていた――などというアクロバティックな物もありました。

しかし、金縛りというのは怪異においては始発駅、または通過駅に過ぎません。

金縛りに至るには何かしらの因果があったり、偶然であってもそこで出会う異変があるわけでございます。金縛りがただ金縛りで終われば夜中の中途覚醒に過ぎません。その何かをたどっていくことで、金縛りにまつわる怪談が姿を現して参ります。いうなれば怪という零れた糸を手繰っていく行為が、この本を構成しております。


本書を書きあげるにあたり、多くの方々にお力添えを頂きました。

今回の機会を下さり、最後まで共に本を作り上げて下さった担当編集のO様、初の書籍化で右も左もわからぬ緒方を最後まで導いて下さり本当にありがとうございました。

自分がどんな選択をしても応援してくれる家族へ、ありがとうございます。

いつも支えてくれる友人たち、お世話になりっぱなしです。また飲みましょう。

何より、この本を作りあげる為に、多くの奇々怪々な体験を語って下さった皆様に御礼申し上げます。皆様にお話を頂き、こうして一つの形にできたことが大きな喜びです。

また是非様々なお話を聞かせて下さい、重ねて感謝致します、ありがとうございました。

二〇二〇年秋　緒方あきら

手繰り怪談 零レ糸

2020年 11月5日　初版第1刷発行

著者　緒方あきら

カバー　橋元浩明（sowhat.Inc）
発行人　後藤明信
発行所　株式会社　竹書房
〒102-0072　東京都千代田区飯田橋 2-7-3
電話 03-3264-1576（代表）
電話 03-3234-6208（編集）
http://www.takeshobo.co.jp
印刷所　中央精版印刷株式会社

定価はカバーに表示しています。
落丁・乱丁本は当社までお問い合わせ下さい。

ISBN978-4-8019-2433-8 C0193